À Radicalisme

Radicalisme & Demi

PAR

UN ÉCLABOUSSÉ

Ricochets de la Doctrine de CHATEAU-THIERRY appliquée avant la lettre dans ses rapports avec la caducité et le [illegible]issement des DROITS [illegible]OMME.

Imprimerie Générale
CHASSEL à Mirecourt (Vosges)

A RADICALISME

RADICALISME & DEMI

RICOCHETS

DE LA

DOCTRINE DE CHATEAU-THIERRY

APPLIQUÉE AVANT LA LETTRE DANS SES RAPPORTS AVEC

LA CADUCITÉ ET LE RAJEUNISSEMENT

DES DROITS DE L'HOMME

Le péril est à gauche.

JULES FERRY.

Plaignons ceux qui toujours se taisent dans la vie.

En marge de la vie.

L'ESPRIT DES MORTS

Laissez-vous dire, laissez-vous blâmer, condamner, emprisonner, laissez-vous pendre, mais publiez votre pensée. Ce n'est pas un droit, c'est un devoir, étroite obligation de quiconque a une pensée, de la produire et mettre au jour pour le bien commun. La vérité est toute à tous. Ce que vous connaissez utile, bon à savoir pour un chacun, vous ne pouvez le taire en conscience. Parler est bien, écrire est mieux, imprimer est excellente chose.

PAUL-LOUIS COURIER.

Imp. CHASSEL, Mirecourt

A M. FROMENT

Ancien Procureur de la République

Monsieur le Procureur,

Paris en Amérique est un livre très amusant, paru il y a 40 ans. En le reprenant en main, je lis dans l'avant-propos :

« Un jour peut-être, à la lueur de ma lanterne, tu verras toute « la laideur des idoles que tu adores aujourd'hui.

. . . .

« Sur ce, je prie Dieu qu'il te garde des ignorants et des sots. « Quant aux méchants, c'est ton affaire. »

. . . .

Si tous ceux qui ont lu ces quelques lignes, suivaient ce conseil salutaire, en faisant connaître leurs sentiments, quelle histoire lamentable et navrante !

Permettez-moi, Monsieur le Procureur, de prendre cette modeste initiative dans ces quelques pages, dont mieux que personne, vous pourrez apprécier l'à-propos.

Ce ne sont pas des théories que j'oppose à d'autres théories, mais l'exposé de faits vécus, c'est pour ces raisons que j'ai été si vivement frappé par les lignes ci-dessus.

Voisin du Palais de Justice, j'ai été, en 1876, témoin oculaire de votre éloignement du parquet de Saint-Dié, pour cause d'opinion conservatrice.

En ma qualité de républicain, formé par les événements de 1848 (j'avais alors 18 ans), je devais, comme tous les républicains, considérer ce tournant de l'histoire contemporaine de 1876, comme un événement logique, une marche en avant, un progrès dans la justice sociale.

J'ai été cruellement détrompé par ceux-là même qui entretenaient cette supercherie, que la République représentant les *droits de l'homme*, c'est la justice par excellence.

J'ignore si, à la suite de cette nouvelle orientation, il y a eu pour d'autres une justice plus éclairée, plus impartiale et moins opportuniste ; mais comme pour moi elle est devenue le contraire venus est certes un titre plus glorieux que celui de politicien, parvenus ou non. Exemple : Lorsqu'à un de ces bourgeois parvenus on annonce la mort d'un autre bourgeois on peut trouver brutale sa première réflexion : Il laisse une belle fortune ! Eh oui ! Il la laisse cette fortune ! Il a donc travaillé pour les générations à venir auxquelles il laisse des maisons, des machines, des chemins de fer, etc., etc. Ce sont les parvenus qui augmentent les richesses du monde et l'embellissement de la terre.

N'est pas parvenu qui veut...

*
* *

On jugera par l'affaire que je produis plus loin, si j'ai le droit et le devoir de traiter la question judiciaire comme je le fais ; mais telle est la veulerie des hommes, même ceux qui ne sont pas avocats, que parmi tous ceux qui connaissent cette affaire, il ne se trouve pas une âme (ne lisez pas âne), qui ne continue à prétendre que la Révolution nous a donné l'égalité devant la loi.

Si les uns me traitent d'esprit chagrin, les autres m'accusent d'outrager la justice. D'autres encore ajoutent avec une sérénité parfaite : Il faut bien aux avocats quelques procès semblables pour faire bouillir leur marmite.

Mais de réforme judiciaire rationnelle, nul n'y songe, et le maquis de la procédure, est tout ce qui reste des *droits de l'homme*. Et dans les assemblées législatives, lorsqu'il est vaguement question de réforme judiciaire, les avocats proposent bien des *assises correctionnelles*, *l'élection des juges*, mais cette simple formule : Arbitrage dans toutes les questions d'intérêt, programmes d'antan reste malicieusement sous le boisseau.

On étend les pouvoirs des juges de paix, en fermant les yeux sur les dangers que fait courir à la justice le système d'un juge unique, qui, sans compter les passions politiques ou religieuses peut avoir à juger des Putiphar, et n'avoir pas toujours les vertus d'un Joseph.

Aux plus dupés, huppés dupés, les avocats insinuent traîtreusement que la réforme judiciaire, conforme aux droits de l'homme, se fera lorsque la République ne sera plus contestée ! *Demain on rasera gratis* !! *La charrue devant les bœufs* !

Prenez garde de voir circuler des billets ainsi libellés :

Fin République, je paierai les traites laissées en souffrance par la défunte...

C'est aux électeurs à faire cette révolution pacifique, en l'imposant dans les prochains programmes électoraux ; ils arracheront ainsi un lambeau des *droits* du citoyen français, qui leur ont été confisqués au nom mensonger des droits de l'homme.

Que cette revendication soit opiniâtre pour devenir féconde, suivant l'expression de M. Loubet.

*
* *

Les magistrats de toute sorte que M. Weill taxe d'impéritie, de malveillance, de partialité, de justice prévenue et mal éclairée, ne sont peut-être que des victimes d'une situation fâcheuse, chargés de concilier le fait et le droit souvent inconciliables.

Ils peuvent être nombreux ceux qui, sans méchanceté, mais oublieux du droit, ouvertement ou tacitement, se servent de cette formule qui m'a été appliquée :

Je ne veux pas engager les fonds de l'Etat pour deux sous.

Deux sous ! c'est manière de parler. Mais le *droit* est-il tarifé ou peut-il être tarifé ? Il ne pourrait l'être qu'à la condition de rayer la loi sur la diffamation.

Et la perte du *droit* au point de vue de la solidarité sociale, ne devient-elle pas un nuage pour toute la vie, et le monde haïssable pour celui qui en est victime ?

N'est-ce pas l'évanouissement d'une dernière illusion : l'hommage aux immortels principes ?

N'est-ce pas le regret de tout le passé et des efforts prêtés à tous ceux dont on constate le manque de sincérité.

N'est-ce pas l'anéantissement de toute poésie et la honte d'avoir été trompé par elle, pendant les années où l'on chantait l'hymne à la Justice, le crédo républicain et tout ce qui devait emporter le monde vers la perfection par le travail — même la carmagnole ; *qui ne travaillera non plus ne mangera.*

∴

D'après Littré, loi se disait autrefois pour justice. Aujourd'hui la loi c'est un droit conventionnel, variant suivant le temps et le pays. En France, la loi ce sont les *droits de l'homme*, pure illusion de justice, variant encore selon le caprice du juge, l'astuce de l'avocat, la qualité du justiciable et la juridiction qui connaît de l'affaire.

Mais c'est cette illusion qui donne à chacun la joie dans l'accomplissement de sa tâche et de tous ses devoirs sociaux. C'est la joie d'inspirer à ses enfants l'amour de la pa rie, protectrice apparente de la probité et du travail.

Cette illusion et cette joie m'ayant été ravies, quelle peut-être ma situation dans le courant des trois principales opinions qui se partagent la France ?

Les conservateurs diront : Tant mieux que les républicains se dévorent entre eux, ce sera fini plus vite !

Les opportunistes diront : la République a établie les *droits de l'homme*, vous en êtes victime, tant pis pour vous !

Les socialistes diront : Tant mieux que les domestiques infidèles expulsent les maîtres, c'est la loi de l'avenir !

Et cette lamentable affaire qui commencerait cette statistique et répondrait aux deux questions posées plus haut, amènerait sans doute d'autres et biens curieuses révélations ; car combien doivent-ils être nombreux ceux qui ne poussent pas jusqu'au bout leurs protestations (à part les coups de revolver), quand on voit ceux qui y mettent toute leur persévérance n'aboutir qu'à arracher au Sénat cette formule banale et hypocrite ; l'autorité de la chose jugée ! *Officiel du* 11 *Août* 1882, *pétition n°* 33.

Si le Sénat, gardien des *droits de l'homme*, ferme volontairement les yeux sur un véritable outrage à la justice, n'est-ce pas à l'opinion publique de se prononcer ?

de la justice la plus élémentaire, et par là doublement désastreuse, j'ai pour devoir de protester jusqu'à mon dernier jour.

Quelques sceptiques affirment même qu'il y a là, faillite des *droits de l'homme*, provoquée par le coup d'Etat juridique de cette époque.

Ces sceptiques signalent l'esprit plutôt jésuitique que démocratique de la République, en rappelant qu'elle a augmenté les gros traitements des hauts personnages judiciaires avant de les mettre à pied, afin d'en doter leurs successeurs, prétendus démocrates.

∴

Pour les positivistes ou partisans de la méthode expérimentale, il y aurait lieu de faire une statistique intéressante pour établir :

1° Si notre organisation judiciaire, telle qu'elle fonctionne, c'est-à-dire si ce qu'on appelle le *droit* est conforme à l'idée de justice, même relative.

2° Si, à la suite du changement politique de 1876 dans le sens anti-conservateur, ce fonctionnement satisfait davantage les justiciables, ou s'il faut retenir ce cri de détresse de Jules Ferry, reconnaissant son erreur quatre ans plus tard, en proclamant : *Le péril est à gauche !*

Est-il bien difficile de saisir la raison pour laquelle cet aiguilleur imprudent a dirigé le char de l'Etat vers un précipice, pour ensuite crier : casse-cou ?

Pure pratique de suggestion.

Pour un homme d'Etat opportuniste, électeurs et élus sont pour la plupart les ignorants et les sots dont parle l'auteur de *Paris en Amérique* (j'en étais), mais au lieu de s'en éloigner, il s'en rapproche pour s'en faire sa *chose*.

Former une majorité électorale?

Rien de plus simple. La critique est aisée. Se mettre à l'unisson avec ceux qui crient : trois chancres !

Il est ainsi mis en belle posture et en veine du plus bel avenir.

Former ensuite une majorité parlementaire à la mode du jour ?

Plus simple encore. Décomposer le cri des électeurs et servir des discours qui veulent dire : Chancre à droite !

Mais l'art est difficile. La mode change, les appétits s'ouvrent, et pour avoir plus tard une majorité conforme à ses opinions successives et changer le fusil d'épaule, il est facile à deviner le reste, c'est comme qui dirait : Chancre à gauche !

Finalement, la République a donné sa mesure complète à propos de " l'Affaire. " Les auteurs dramatiques qui voudraient mettre la comédie en trilogie, diraient : Chancre au centre !

Et voilà comment la France, calomniée sur tous les tons, a le gouvernement qu'elle s'est donnée aussi librement que le phonographe exécute les airs et les discours stylés sur ses cylindres.

Et je confesse humblement mon tort d'avoir été, à mes dépens, avec ceux qui ont fabriqué ces cylindres de fausses notes, et qui sont les vrais chancres, les avocats politiques.

Quel peut être le principe et l'avenir d'un gouvernement issu du phonographe, c'est-à-dire d'une suggestion intéressée ?

Principes! Avenir! *Droits de l'homme!*

Parlons seulement de la guerre de demain, que le Congrès de La Haye n'empêchera pas plus qu'il n'a empêché celles d'aujourd'hui, et alors l'hypothèse du capitaine Danrit ne sera-t-elle pas une réalité? Nos adversaires seront-ils assez naïfs pour attendre que cet instrument nazillard ait achevé de tourner son cylindre pour nous laisser le choix de l'invasion?

⁂

Dans la statistique proposée, les jugements sensationnels et ostensiblement contraires au *droit* de M. le Président Magnaud, seraient sans doute d'un poids léger pour la moyenne des jugements qui ne sont pas conformes à la justice, mais c'est la doctrine qu'il faut considérer, d'après laquelle le Président de Château-Thierry veut une justice équitable, conforme au droit naturel et à l'idée d'amélioration sociale de son temps.

M. Magnaud ne cache pas dans ses considérants, la distinction qu'il fait entre ceux qui possèdent et les autres, ce qui est une superfétation, car déjà ce sont ceux qui possèdent qui, en tout temps, paient les frais de justice, et là où il n'y a rien, la *loi perd ses droits* et, avec l'organisation actuelle, l'égalité n'est qu'un leurre, car on ne saurait admettre que M. Magnaud ni aucune école anti-bourgeoise, prenne au sérieux le paradoxe de Proudhon, pour insinuer que les derniers fournissent une compensation supérieure, en étant les seuls honnêtes, et que *la propriété c'est le vol!*

Le moment est peut-être venu où les paradoxes de Proudhon sont combattus par Proudhon lui-même. M. Camille Flammarion rapporte de lui ces paroles :

« C'est une opinion banale et ridicule de prétendre que les chemins de fer peuvent servir à la circulation des idées. »

L'*idée*, affaire de tempérament, portant dans ses flancs l'anarchie et l'assassinat, et que la science criminaliste déclare agir sans libre arbitre.

Les criminalistes qui nient le libre arbitre des anarchistes et assassins, pourront étendre leur théorie aux juges manquant à leur devoir.

Si la pensée de Proudhon pouvait laisser des doutes, elle serait pleinement confirmée aujourd'hui, par le mouvement des automobiles qui, certes, ne peut laisser nulle place au développement des idées, c'est à peine qu'il répand quelques cervelles fracassées sur les pavés.

Il est ainsi heureux de pouvoir constater que Proudhon lui-même déclare que ses paradoxes : « *La propriété c'est le vol*, » « *Dieu c'est le mal*, » etc., etc., ne peuvent faire leur chemin dans le mouvement du monde du travail, mais peuvent seulement germer dans des cerveaux malades et anarchistes.

⁂

On cite des faits où, pour un litige de 0 fr. 45, des familles entières se sont ruinées, et on jette la faute sur ces malheureuses, au lieu d'accuser l'organisation judiciaire, qui devient plutôt l'exploitation des *droits de l'homme*, avec la complicité de la Patrie, qui s'attribue la plus grosse part de ce détroussement.

Pour aboutir ainsi au droit naturel, à la justice rationnelle, et éviter que les hommes de lois, s'enrichissant des dépouilles des plaideurs réclamant les *droits de l'homme*, le devoir de M. Magnaud n'est-il pas de demander la *justice gratuite* et, pour aller jusqu'au bout, *laïque ;* car s'il met ses bons sentiments au-dessus des devoirs de juge, l'étude du droit ne devient-il pas jusqu'à un certain point inutile? On conclura finalement que la juridiction des échevins sous l'ancien régime, était précisément cette justice paternelle que la Révolution a détruite, pour la remplacer par des juges de profession.

Est-il admissible que les juges de profession aient des vues aussi claires dans les questions de fait que les professionnels de chaque état?

Mais tel est le pêle-mêle des idées et la puissance de la suggestion, que depuis un siècle les démocrates sont fiers de regarder... la colonne?... le bloc?... mieux, la guillotine, pour compter le nombre de têtes tombées, pour la conquête de l'égalité devant la loi!!!

Ils ne sont pas moins fiers de flagorner le juge qui, par un simple considérant, déclare cette conquête de nulle valeur!

Mais si le juge estime que cette hécatombe de vies fauchées en pleine activité, pour la cause et le triomphe de l'*idée*, ne vaut pas une vie naissante et incertaine, n'est-ce pas la faillite de l'*idée*?

Qu'une citoyenne, pratiquant les vertus de l'avenir (triomphe du féminisme), déclare que la vie de son enfant pourrait être en danger, si on ne passait une éponge sur ces principes proclamés immortels, cela peut-il être suffisant pour proclamer la déchéance de l'esprit de la Révolution tant qu'il n'y a pas une autre formule pour le remplacer?

Si l'esprit et la lettre de la Révolution demandent que les citoyens malheureux soient secourus par la collectivité, n'est-ce pas aller à l'encontre de ce principe, que de priver un citoyen de son droit au profit d'un autre citoyen?

Le boulanger de Charly tenait à son droit, qui est pour lui le *droit de l'homme*, et représente le côté positif de la solidarité sociale; l'autre côté, qui est la charité, n'est que facultatif.

Si le boulanger avait dédaigné de poursuivre, et que sa loyauté lui ait fait dire à un voisin : que la voleuse aille *se faire pendre ailleurs*, il était poursuivi en diffamation et sûrement condamné à quelques cents francs pour avoir attenté à son honneur. Privé de son droit de défense, puisque la preuve n'est pas admise, est-il admissible qu'un homme renonce ainsi à son droit? et si après cela il voulait poursuivre pour établir ce droit, un nouveau magistrat pouvait y voir une rancune personnelle et rendre une ordonnance de non lieu, suivie d'une nouvelle poursuite plus grave.

L'occasion serait, en effet, trop belle pour les avocats pour ne pas en profiter, toujours au nom des *droits de l'homme.*

Un homme peut-il être assez misérable pour se laisser ravir son droit sans protester?

Il restait bien au boulanger un troisième parti à prendre, celui de se taire et de considérer la probité, ainsi que les autres vertus, comme ne faisant pas partie des *immortels principes*, ce qui devenait navrant pour un citoyen du département de l'Aisne, d'où est parti cet enseignement laïque qui devait transformer le monde en bien et non en mal.

Les Allemands ne se vantent pas d'avoir inventé les *droits de l'homme*. Pourtant un de leurs juristes distingués rapporte ce fait : (*Der Kampfums Recht*) Un juge offrant de sa poche à un condamné, la monnaie, objet d'une condamnation injuste, celui-ci rejette cette monnaie avec cette fière réponse : ce n'est pas de la monnaie que je réclame, c'est mon droit !

Les nombreux admirateurs de M. Magnaud peuvent ignorer l'ensemble de nos lois, et ne pas s'imaginer que celui qu'ils appellent *le bon juge* en manquant à son devoir, peut faire naître une situation comme celle à laquelle je fais allusion au commencement de ma lettre, et qui peut se résumer ainsi :

Une voleuse *déclarée coupable* de *n'avoir pas volé assez*, a pu mettre en mouvement 20 hommes de loi et agents officiels, qui ont tiré leur profit, non de la voleuse sans ressource, mais de sa victime, déclarée solvable par le chef de la meute, aspirant législateur, au nom des *immortels principes !!!* et ont ainsi commencé la ruine morale et matérielle de cette victime !

Absence de droit, absence de patrie morale ! et si l'usage accorde 24 heures au condamné pour maudire les juges pour des erreurs involontaires, une vie entière peut-elle suffire pour maudire la faillite frauduleuse ouvertement déclarée des *droits de l'homme*.

Et la nouvelle proposition de loi des hommes politico-juridique de l'Aisne, sera de l'eau de rose et un emplâtre sur une jambe de bois, si on la compare aux pratiques courantes, mais pourra achever de faire de la justice boiteuse un véritable cul-de-jatte, et nul moyen de réhabiliter la patrie criminelle, à moins que, en vertu des *droits de l'homme*, de la solidarité sociale, de l'égalité, si chèrement conquise, la collectivité ne devienne responsable de toute application de la loi sciemment faussée ?

M. Rochefort offrait une candidature législative au président Magnaud. Si l'*Intransigeant* veut trouver une satisfaction à son désir, il peut voir le Pharisien, chef de la meute mentionnée ci-dessus, devenu député et sénateur après avoir montré d'une façon encore plus éclatante comment on fait litière des *droits de l'homme*

Ces exemples me montrent à moi ma profonde erreur d'avoir cru à la probité républicaine, quand je compare ces principes à la doctrine que les républicains reprochent comme immorale à un célèbre homme d'État monarchiste, donnant à ses administrés cette leçon de vrai socialisme : ENRICHISSEZ-VOUS PAR LE TRAVAIL, L'ÉPARGNE ET LA PROBITÉ !

⁂

La statistique proposée donnerait, sans aucun doute, des résultats surprenants.

M. Magnaud a mis le doigt sur une plaie béante, qui nous a été léguée par les prétendus *droits de l'homme*, savoir : L'embarras dans lequel se trouve tout juge de faire concorder la question de fait avec une des nombreuses questions de droit, et qui fait que dans tout jugement il se trouve une certaine dose d'erreur, soit de droit, soit de fait.

Lorsque le célèbre jurisconsulte Tronchet s'est prononcé en faveur du droit coutumier contre le droit écrit, c'est qu'il prévoyait les complications qui sortiraient de l'interprétation, où la bonne foi n'est pas toujours article dominant, et la loi elle-même souvent illégitime votée par des législateurs absents.

Peut-être, M. Tronchet a-t-il prévu qu'avec nos fameux *droits de l'homme* nous tomberons, en ce qui concerne la question judiciaire plus bas que la Chine, car à ce propos on lit dans la *Promenade autour du Monde*, du baron de Hubner, 1871, page 526, parlant de la Chine : Des tribunaux où l'on voit siéger à côté de l'homme le plus considérable par l'âge et la position sociale, les notables du clan ou de la municipalité, *connaissant sans appel des matières civiles !*

On répondra à cela qu'en démocratie il n'y a pas de notables. Soit, alors il ne faut pas de juges non plus. Ne sont-ils pas des notables, pourtant presque toujours moins compétents qu'un savetier, par exemple, lorsqu'il est question de chaussures.

Des juristes compétents pourraient faire un rapprochement entre cette juridiction et celle de nos échevins de l'ancien régime, laquelle pourrait être à rétablir, et on constaterait que, de même que les syndicats ressemblent aux corporations, à part les sciences, il n'y a rien de nouveau sous le soleil.

On nous dit bien qu'il y a l'arbitrage facultatif, art. 1003 à 1028, Code de procédure civile, mais où sont les arbitres ? Qu'une loi les fasse nommer et qu'ils jugent par voie d'expertise, remplaçant les plaidoyers d'avocats dont l'incompétence dans la pratique est évidente ! Ce sera la justice éclairée, impartiale et gratuite, annoncée par Gambetta.

***

La statistique pourrait être commencée par cette affaire incroyable qui s'est déroulée ici, après votre éloignement du parquet de Saint-Dié. On jugera si M. Magnaud a fait mieux ; j'en ai fait imprimer le récit, afin de ne pas la laisser tomber dans un éternel oubli, et il me semble avoir ainsi fixé un problème qui pourra démontrer l'erreur de croire que l'indulgence rend meilleurs les méchants ; mais qu'au contraire, l'abandon de nos droits rend plus féroces ceux qui, par une machination quelconque, acquièrent une parcelle de pouvoir, et font des *droits de l'homme* un misérable système d'exploitation.

Je reproduis ce récit, aussi authentique que fantaisiste, à la suite de cette lettre, et comme chacun de ses détails comporte sa morale particulière, permettez-moi, Monsieur le Procureur, de vous faire la narration de quelques-uns de ces détails.

Au moment où j'avais été persécuté au nom des *droits de l'homme* dans les conditions qu'on lira plus loin, et que par là se troublaient les facultés mentales de ma pauvre femme qui se trouvait à l'état de nourrice, le médecin nous conseillait de passer quelque temps à la campagne.

Nous avons choisi Retournemer, où nous nous sommes rendus avec les deux aînés de nos enfants.

Un détail : Pendant notre séjour, un émissaire secret m'a rappelé à Saint-Dié, pour faire à la voleuse un troisième versement (500 fr.)

Faute de ce versement, je pouvais être condamné à la prison, accusé d'avoir dénoncé méchamment et dans le but de nuire à la voleuse, déclarée coupable de n'avoir pas volé assez pour être poursuivie.

Après coup, le substitut m'a offert cette perle : En plaidant, vous seriez sorti blanc comme neige !

N'est-ce pas un comble, négligé par la fameuse déclaration !

Les *droits de l'homme* innocentant les victimes des malfaiteurs ! Et on plaisante sur le *maquis de la procédure!* N'y a-t-il pas là un véritable guet-apens ? et ne voyons-nous pas que le brevet de M. Magnaud n'est qu'une faible contrefaçon de ce qui a été fait avant lui contre les *immortels principes*.

A Retournemer, il faisait un temps radieux. On pêchait à la ligne, les enfants couraient dans les pâturages avec les chèvres et les vaches.

Un jour, par un beau soleil, nous étions assis dans une barque avec nos lignes.

En ce moment, j'aperçus sur le chemin qui longe le lac, deux promeneurs, le Ven ∴ Albert Ferry, accompagné de M. Besson, ardent suppôt du Ferrysme à Gérardmer.

L'écho, qui m'apportait un bout de leur conversation, me disait qu'ils parlaient de choses qui me touchaient de près :

Besson. — Il est Président de la Ligue ?

Albert Ferry. — Non, il est Trésorier, c'est Bardy qui est Président.

Ces paroles auraient été indifférentes à d'autres oreilles que les miennes, mais pour moi qui, en ce moment, étais poussé sur le *chemin de Damas*, étant poussé hors le droit commun *et en marge de la vie*, tout devenait révélation, et je voyais clairement dans ces deux personnages un dupeur et un dupé.

Plus tard, Besson s'est suicidé, peut-être par chagrin d'avoir été réduit à vivre du revenu d'un bureau de tabac, après avoir essayé de faire un peu de banque et beaucoup de politique, qu'il croyait généreuse et conforme aux *droits de l'homme.*

Je ne serai démenti par personne à Saint-Dié ni à Gérardmer, si j'avance que pour ces deux personnages le propriétaire du lac de Retournemer était un pur réactionnaire, et qu'il n'avait absolument rien du républicanisme dont eux-mêmes faisaient étalage. Ce qui n'empêche pas qu'il a été décoré par la République ! *Et c'est justice.* On en conclura que ceux qui pratiquent les qualités et les vertus des *droits de l'homme* en bourgeois travailleurs rendent plus de services à la société, que ceux qui finissent dans le désespoir de n'avoir pu conduire cette société dans des chemins impraticables

Puisque nous venons d'effleurer la ligue de l'enseignement, permettez-moi, Monsieur le Procureur, encore ce détail : Il y avait à Saint-Dié un républicain convaincu, désintéressé, généreux ; il avait été surnommé *Gambetta*, peut-être à tort, car il n'avait rien de l'avocat, et son opportunisme consistait à n'attendre de la République et des *droits de l'homme* que le devoir impérieux de faire davantage de bien, si bien que Jules Ferry écrivant à *Gambetta* pour lui montrer les vraies vertus du républicain, disait : *Vous n'avez jamais r en demandé*, et lui offrir une bourse pour son fils !

C'était un ligueur passionné.

Lorsqu'après la guerre la Ligue a eu ses entrées à l'Hôtel-de-Ville, une des premières propositions de *G...ambetta* était la suivante : La Ligue ne devait pas se contenter de délivrer des fournitures de classes aux enfants pauvres, elle devait encore fournir des vêtements pour leur permettre de fréquenter l'école.

Le Ven .·. Albert Ferry se lève et d'un ton sec : *Notez que je* **vote contre !!** et quitte la salle avec ostentation.

On se regarde consterné . . . .

. . . .

Cela peut n'avoir rien de commun avec la réforme judiciaire, mais on voit toujours le dupeur et le dupé et on devine l'usage que peut faire le premier du mandat législatif qu'il briguait et obtenait avec l'appui et l'esprit de la Ligue, et on sent ce que cachait cette étiquette trompeuse d'après laquelle la Ligue ne s'occuperait ni de politique ni de religion.

Ce simple fait ne montre-t-il pas les deux faces de l'esprit démocratique ? Pour les uns, c'est le devoir modeste de contribuer au soulagement de l'humanité souffrante ; pour les autres, c'est la passion du pouvoir pour assouvir leur haine de la société, afin d'en précipiter la décomposition.

Et n'ont-ils pas raison, ces travailleurs *parvenus*, qui prétendent que les républicains désintéressés sont tous dupés et que les autres ne sont pas des républicains ?

Nous faisons suivre ici l'article de la *Gazette Vosgienne Ferryste* qui a donné le coup de grâce à la ligue à Saint-Dié pour montrer le côté aussi comique que lamentable qu'ont exposé ceux qui n'ont vu dans cette œuvre que l'intérêt politique à en tirer.

Gazette Vosgienne du 3 Décembre 1876.

Lettre au Rédacteur.

. . . .

Je vois encore le jour où se pressait autour de Jean Macé un certain nombre de nos concitoyens, transportés par sa chaude parole, jurant qu'ils allaient enfin *lutter contre leur propre ignorance* et celle ambiante, organisant dans ce but le cercle de Saint-Dié.

Que d'enthousiasme à ce moment, et que de miracles sur le chantier! Conférences littéraires, cours d'adultes, écoles laïques — le plus caressé de tous ces dadas — bibliothèque populaire, rien ne devait échapper à l'action de ces pionniers hardis.

Ils ne le criaient pas sur les toits, mais ils nous confiaient tout bas que les résultats de cette régénération seraient merveilleux: les aveugles devaient certainement recouvrer le sens, le peuple se garerait de l'obscurantisme clérical, et les intelligences s'élèveraient à un niveau fort humiliant pour les âges antérieurs. Nous y crûmes de tout cœur, et nous applaudîmes à tant de bon vouloir.

L'effort n'était pas moindre dans le particulier: O... s'essayait à tous les genres d'éloquence; OO... étudiait l'art de l'intrigue électorale; OOO... se faisait l'intermédiaire des nuances d'opinions les plus opposées; tous apprenaient l'orthographe, la grammaire, le français, etc., etc., et rêvaient de devenir pour le plus grand bien du pays, des rayons, des flambeaux, des étoiles, des soleils.

Je ne jure pas qu'ils ne le sont pas devenus, mais où sont les chaleurs d'antan?

Il semble que le souffle de l'opportunisme ait glacé ses cratères: l'engraissement, la satisfaction d'occuper une place remarquée dans le Conseil municipal, etc., etc. . . . .

. . . .

Sortez de votre torpeur ou de votre prudence, mes maîtres, reprenez votre grammaire, laissez là l'opportunisme qui vous fait commettre de si lourdes fautes, et ressuscitez.

Il y a urgence. Sinon, nous serons obligés de vous le dire: par votre faute, la Ligue se meurt! la Ligue est morte!

Un Membre de la Ligue.

Pauvres Ligueurs! Pauvre Jean Macé! tournés en ridicule par les F.·. laïques! que devient la foi nouvelle!

S'il est vrai, comme dit Michelet, que la foi fait le cœur, lorsque déjà le cœur a fait la foi, et si les dieux sont *effet* et *cause*, ne seront-ils pas ici des démons à double face?

Les adversaires les plus déterminés de la Ligue n'auraient pas dit mieux que ce journal d'avocat franc-maçon.

Et qu'on ne dise que le Ven .·. Albert Ferry n'est pas personnellement en cause. Les anciens actionnaires de la *Gazette* savent par quel coup de traître ils ont été évincés. S'ils ont presque tous disparu, l'imprimeur est encore là pour rappeler la séance de nuit où Albert Ferry a déclaré qu'à l'avenir il serait seul maître de la *Gazette* et que ceux qui ne l'entendaient pas ainsi, ont 24 heures pour retirer leur capital.

LA FRAN...CE A L'HORREUR DU SERVAGE !

***

Le Ferrysme étant devenu une page de l'histoire contemporaine, il serait intéressant pour la moralité de la République de rechercher quelle est la part de liberté et d'intrigue dans la formation et le développement de ce parti. L'histoire serait intéressante à faire, et vous étiez bien placé, Monsieur le Procureur, pour voir que la liberté n'y avait aucune part, et que tout ce qui n'était pas Ferryste était impitoyablement repoussé du pied ! et qu'ainsi, vertus et talents, ces qualités réclamées par les *droits de l'homme*, ne pouvaient nullement prévaloir chez les électeurs.

Et tel était le désintéressement républicain du Grand et du Petit, que nul ne sait ce que serait devenue l'union républicaine si l'augmentation de la population n'était venue au bon moment former deux fiefs électoraux !

On voit par là ce que peut attendre la société de ces exploiteurs des *droits de l'homme*, et pour en revenir à cet acte de bienfaisance proposé par *G...ambetta* auquel cet avocat était si hostile, on peut étendre la question et dire que le régime des avocats est incapable de faire les réformes nécessaires, en tête desquelles, d'après Jules Ferry, se trouvait la réforme judiciaire, parce que seule elle contient les *droits de l'homme*, en y ajoutant cet autre exemple :

M. René Weill, avocat juif à la Cour, se déclare pour la disparition de la religion juive, comme pour la disparition de toutes les autres religions.

Cela peut paraître logique pour les libres-penseurs ; mais si toutes les religions peuvent être autant de mensonges, l'absence de religion ou l'irreligion, ne créerait-elle pas une situation plus lamentable encore, et pourrait on espérer que les avocats fassent régner sur la terre la justice et la paix ? leur profession étant d'aller jusqu'à ruiner les plaideurs, presque toujours travailleurs parvenus que M. Weill paraît mépriser et qui seuls peuvent les enrichir.

Et puisque un groupe d'avocats forment une nouvelle ligue contre la liberté d'instruction judiciaire, pourquoi les justiciables ne formeraient-ils pas à leur tour une ligue contre l'exploitation des *droits de l'homme* par les avocats, incompétents dans toutes les questions d'intérêt professionnel et débarrassent ainsi la justice de toutes les *broussailles*, qui encombrent la voie et empêchent les solutions pacifiques.

M. Weill offre ici l'occasion de dissiper un gros malentendu, et de montrer comment est faussée l'histoire qui se déroule sous nos yeux. On appelle Tiers-Etat la bourgeoisie et on la déclare incapable de rien faire

Il s'agit de s'entendre

Dans le gouvernement, la bourgeoisie, est à peu près toujours représentée par des avocats dont la profession et le principal talent, consistent dans l'art d'altérer la vérité et leur savoir faire dans les manœuvres politiques et électorales

Il ne faut donc pas que la bourgeoisie honnête et travailleuse soit accusée d'être cause d'un état de choses dont elle-même est victime par sa propre naïveté.

Les connaissances commerciales, industrielles, agricoles, de ces avocats sont pareilles à ces poupées modèles qui disent *papa et maman*, mais pour piper la bourgeoisie libérale et généreuse ils se servent des phrases toutes faites : *Droits de l'homme, immortels principes, solidarité* !

Puis, arrivés au pouvoir, ils se mettent à la mode du jour, qui est de dénigrer la bourgeoisie, la traiter de parvenue et la taxer d'incapacité, afin de piper les nouvelles couches ayant davantage d'électeurs.

Il serait difficile d'admettre que ceux-ci ne soient pas à leur tour les *ignorants et les sots* dont parle l'auteur de *Paris en Amérique*, aient moins de naïveté que les bourgeois, et ainsi s'épuisent les forces du pays qui se corrompt et meurt de suggestion de tous les chancres.

∴

Les efforts obligés des avocats tendront toujours à faire pencher le plateau de la balance de Thémis du côté, juste ou injuste, qu'ils se sont chargés de défendre et où se trouve leur intérêt.

Mais M. Weill, dans sa lettre au *Matin*, en parlant des juges, les charge d'impéritie, de malveillance et aussi de partialité, peut-être de justice prévenue, mal éclairée, etc., etc... (malgré les avocats !!!) c'est honteux !

La cause en est-elle à la religion ?

Le but de ma lettre étant de montrer des libres-penseurs qui ne se font pas des *droits de l'homme* une idée aussi honnête que les croyants, on ne voit pas que l'irreligion donnerait aux juges des lumières qui d'après M. Weill ils n'ont pas.

Il ne serait peut-être pas hors de propos de compléter ici une pensée de Pascal de la manière suivante :

Si le cœur a des raisons que la raison ne connaît pas, ces raisons du cœur pourront-elles jamais devenir des raisons sociales qui sont la raison d'Etat.

Ce qui pourrait encore se traduire ainsi :

Si la libre pensée peut satisfaire individuellement quelques cœurs généreux, pourra-t-elle jamais servir de base gouvernementale ; puisque variant et se multipliant à l'infini, elle s'étend jusqu'à l'anarchie et la propagande par le fait inclusivement, et permet de combattre avec une illusion parfaite, l'organisation de la famille, de la propriété et à plus forte raison de la religion.

Et que les socialistes politiciens ne nient pas leur approbation instinctive de la propagande par le fait! Tout attentat à la propriété étant une affirmation de leur doctrine, ils ne peuvent y voir qu'un acheminement vers la réalisation de cette doctrine; de même que les républicains se seraient empressés de profiter de l'attentat Orsini s'il avait réussi; mais ceux-ci ont dû attendre l'invasion, et ainsi il est faux que le peuple ait le gouvernement de son choix.

C'est avec cette même illusion de rénovation qu'on entretient le dogme nuageux des *droits de l'homme*, au lieu de le limiter aux droits des citoyens français. . . . .

***

Merveille! on cite des hommes *cultivés et riches* comme socialistes!

Pourquoi pas?

Le socialisme, comme tout ce qui est social et sociable n'est-il pas basé sur l'idée de justice? et on voudrait admettre que, parce que *cultivé* et *riche*, ce sentiment de justice ferait défaut?

N'y a-t-il pas là, au contraire, les seules qualités d'indépendance?

Habitué à manier les chiffres et les capitaux, l'homme *cultivé* et *riche* commencerait les réformes en haut lieu.

Pour supprimer le salariat, il commencerait par les Députés, Sénateurs, Ministres, Président, dont le traitement serait fixé sur les bénéfices, c'est-à-dire sur les économies au budget.

On verrait alors une émulation salutaire dans les deux Chambres.

Le traitement des préfets serait réduit à celui des gardes champêtres.

Les professeurs en Sorbonne seraient payés comme les maîtres d'écoles de village.

Les généraux auraient la solde des caporaux et mangeraient à la gamelle, conséquence inévitable du vrai socialisme.

Toutes les économies ainsi réalisées permettraient de diminuer les patentes des industriels, et le sort des ouvriers serait amélioré d'une façon certaine.

De plus, il y aurait des maisons de refuge pour les malheureux, et il n'y aurait plus de voleurs à récompenser — les juges seraient supprimés — la collectivité viendrait en aide à tous ceux qui se trouvent dans l'embarras. . . . .

Vends tous tes biens pour les donner aux pauvres...

Mais en qualité de libres penseurs, ils répondront qu'ils ne croient pas à l'évangile.

***

Ainsi d'après M. René Weill, malgré (peut-être à cause de) l'avocasserie, il se trouve en France des juges qu'on peut accuser d'impéritie, de malveillance, et aussi de partialité, peut-être de justice prévenue, mal éclairée, etc., etc., — *après toutes les épurations* !!

Il est probable que pour telle affaire, la moitié des avocats partage l'avis de M. Weill, et pour telle autre, ce sera l'autre moitié qui raisonnera de la sorte ; et évidemment les justiciables seront partagés en deux camps semblables, et qu'ainsi les *droits de l'homme* qui devaient trouver un refuge dans l'organisation judiciaire, sont restés un brouillard insaisissable depuis l'avant dernier siècle, et M. Magnaud qui se flatte d'avoir fait une découverte en jugeant à côté de la loi, n'a rien inventé du tout, et démontre qu'il n'y a pas encore là, le verset que d'après Michelet, la France doit inscrire dans la bible de l'humanité.

Ah ! ce verset quel sera-t-il ? Ayant sous les yeux la réédification dans des conditions indestructibles d'une église incendiée par les réjouissances d'un 14 Juillet, peut-on s'empêcher de penser que celui qui pourrait posséder la machine à explorer le temps et sonder les profondeurs de l'avenir verrait peut-être un Michelet dans 40 siècles, découvrir ce verset plutôt dans l'église du Sacré-Cœur que dans le *Nihilisme* que voudraient *créer* les réformateurs de l'Aisne et des Vosges. Ce Michelet disant comme le nôtre :

Les âges historiques auxquels la linguistique nous a permis de remonter, diffèrent très peu des temps modernes dans les grandes choses morales. Pour le foyer surtout et les affections du cœur, pour les idées élémentaires de travail, de droit, de justice, la haute antiquité, c'est nous.

Et si dans le cours des siècles le *Décalogue* et l'*Evangile* changent de formule et s'appelle *Conscience humaine*, croit-on que cette conscience ne continuera pas à être maintes fois étouffée par les juges et les justiciables, gouvernants et gouvernés, soit par ignorance, sottise, habileté ou méchanceté, passion ou avarice, et que les Pharisiens, au nom de la loi, s'abstiendront de dépouiller de leurs culottes ceux qui, réclamant les *droits de l'homme*, plaideront pour conserver leurs habits.

Et la vérité et la justice seront égales à celles des 40 siècles passés, seule la puissance aura changé de place, même si les générations nouvelles ressemblaient à des Marsiens avec leurs tentacules.

Et les badauds, *esclaves des droits de l'homme*, qui habiteront ces ruines, admireront l'envahisseur du Nord s'écriant avec orgueil :

Soldats, du haut de cette Basilique, quarante siècles vous contemplent. . . . .

Et les travailleurs parvenus sont, non seulement un objet de mépris de la part de M. Weill, mais la risée des hommes qui se croient supérieurs, soit parce qu'ils mangent au ratelier de l'Etat, alimenté par le travail de ces parvenus, soit parce qu'ils n'ont pu parvenir qu'à exciter les autres à la grève, qu'ils appellent le socialisme.

La grève qui est le travail à rebours, est pourtant moins désastreuse que la justice à rebours, qui ne peut manquer de se produire souvent avec des juges accusé par l'avocat Weill d'impéritie, etc., etc.

Le titre dédaigneux de bourgeois donné à ces travailleurs par-

J'avais recommandé cette pétition à M. J. Macé, en sa qualité de sénateur, et voici sa réponse amicale : « Nous avons d'autres chats à fouetter. »

Ah ! Et quels sont ces chats ?

D'autres malfaiteurs ?

Erreur !

Ecraser l'infâme !

Et c'est la laïcité qui doit fournir vertus, probité, talents nécessaires à cet écrasement. Dans une conférence sur les jeunes criminels, M. Henri Robert répond à la question en faisant cette remarque, que le nombre des criminels précoces a augmenté depuis que l'instruction est obligatoire pour tous les jeunes Français.

⁂

Permettez-moi, M. le Procureur, de revenir encore une fois à la question de la ligue de l'Enseignement pour y faire ce rapprochement et cette confession.

Ma maison de même que le département de l'Aisne a donné asile à M. Jean Macé pour y prêcher avec une bonne foi évidente mais avec une illusion naïve, la doctrine de la laïcité, c'est-à-dire sans foi.

Fatalité ou doigt de Dieu ! l'un et l'autre ont servi à compléter ce cri : *sans foi ni loi* ! et ma maison est devenue pour moi, ce que les Dreyfusards appelleraient l'île du Diable.

Mais moins heureux que Dreyfus, la fatalité m'y retient contre ma volonté.

Et le bannissement volontaire que je cherche en vain à réaliser, est en opposition formelle avec le principe exposé à un rédacteur du *Matin*, par Me Coulon, avocat, lorsqu'il dit : « Le bannissement « est le plus redoutable châtiment qu'infligent nos codes, la mort « exceptée. »

Ne faut-il pas distinguer les affaires politiques du droit commun?

Le bannissement permet à l'homme politique de travailler avec autant de succès peut-être à la cause qui, pour lui, représente la vérité.

Quant au droit commun, quel serait le sens de l'*extradition*, si Me Coulon avait raison, et si la fuite est un moyen de sécurité pour le coupable, le bannissement volontaire n'est-il pas un soulagement pour celui qui est privé de son droit ? La patrie n'est-elle pas plutôt une solidarité morale que la poussière que nous foulons aux pieds ?

Et que dirait le grand La Fontaine, gentilhomme de Mme la Duchesse d'Orléans, lequel a sa statue à Château-Thierry ? Cette statue devant laquelle défilent toutes ces choses, ne lui sera-t-il pas suggestionné le don de faire une fable qui aurait pour morale le regret du grand fabuliste de voir qu'on essaie de se servir de son pays natal pour faire de ce peuple généreux et probe, une nation sans foi, ni loi, ni charité !

Et le bronze serait ému jusqu'aux larmes en voyant cette ironie, nos hommes d'Etat baiser la main de la Czarine, pendant qu'ils se vantent d'être les successeurs et continuateurs de ceux qui ont fait tomber la tête de leur propre reine et décapité la dynastie qui a opéré le groupement des provinces françaises !

On objecte que le culte de la patrie doit remplacer tous les autres cultes ; mais M. Macé a depuis longtemps rompu la digue en montrant aux internationalistes révolutionnaires le culte de l'humanité, il en est de même de la neutralité religieuse.

En 48, il écrivait les *vertus du Républicain*, en une brochure se terminant ainsi : Le vent qui passera sur la France, se chargera d'emporter par delà les fleuves et les montagnes les germes fécondants destinés à faire éclore les Républiques. Nous ferons la conquête du monde, sans quitter nos femmes et nos enfants ; et si l'étranger reparaît dans nos murs, ce sera le myrte et l'olivier à la main pour fêter en famille le salut de l'humanité.

Si en ce moment-là il a été parmi les dupés, il a ajouté cette auto-suggestion : Mon Dieu, si j'ai fait un rêve, n'attendez pas pour me faire sortir d'ici, n'attendez pas que je sois réveillé.

On sait le reste, et les conséquences néfastes de cette fausse conception du monde et de la nature humaine.

M. Macé professait, sans doute, cette philosophie dite humanitaire, d'après laquelle l'homme se doit d'abord à l'humanité, puis à sa patrie, ensuite à sa commune, après cela à sa famille, et finalement à lui-même.

C'est l'altruisme à outrance, philosophie anti-sociale et contre nature.

L'homme commence ainsi à se nuire à lui-même, à son entourage et à sa patrie, sans profit pour les Chinois ou pour les nègres.

On objectera peut-être que le bien qui en résultera ne se fera sentir que dans des milliers d'années ! Possible, mais ne craignez-vous pas que ce soit au préjudice de nos descendants ? Ainsi, moins d'un siècle après la fameuse déclaration des *droits de l'homme*, la France a perdu l'Alsace-Lorraine, et les nations ont laissé faire, comme aujourd'hui au Transvaal.

Et ceux qui préconisent pour la France l'organisation de la défensive comme chez les Boers, oublient que le grand levier de ces héros c'est l'unité de foi dont la France ne verra plus le retour.

Et peut-on espérer voir l'Etranger nous apporter le myrte et l'olivier rêvé par M. Macé, pendant qu'à l'intérieur tout est conflit ?

S'il est vrai que la force prime le droit il y a pire, sans la force, le droit ne sera jamais que la soumission aigrie mais sans remède.

L'histoire de la civilisation pourra-t-elle être autre dans l'avenir que dans le passé, un mouvement pareil au mouvement météorique, alternativement fécondant dans une contrée et dévastateur dans d'autres, suivant les qualités supérieures ou inférieures des gouvernants, produits de la nature, de Dieu si vous aimez mieux, pour les croyants, du Darwinisme ou de la fatalité pour d'autres, mais non de la liberté humaine. Et pendant que les naïfs font des vœux pour la fraternité universelle, les autres se mangent le nez entre voisins pour une question d'opinion ou un intérêt de deux sous, et montrant ainsi la laideur des idoles humaines, dont les passions seules produisent le mouvement humain en cercle vicieux.

•
• •

Les *droits de l'homme* ! Quel est l'être humain qui n'en serait pas partisan résolu ? Et pourtant il parait que l'homme sera toujours un loup pour l'homme ! même et surtout en justice ; ne voyons-nous pas par la présente esquisse réaliste :

Que si l'usage pouvait autoriser le juge à suivre ses sentiments naturels et méconnaître la loi, pour un seul juge usant suivant le cas, et à tort peut-être, de sentiments généreux, il s'en trouverait cinquante qui, pour diverses raisons, seraient plus durs que la loi elle-même, et que ceux qui sont indulgents aux voleurs, seraient féroces et sans pitié contre les opinions !

Mais si la fameuse déclaration des *droits de l'homme* a une valeur théorique et sentimentale, elle n'en subit pas moins le sort de tout ce qui est humain, elle vieillit à son tour.

Chacun sait, en effet, que les contracts de société, de mariage, etc., etc., ne sont sérieusement consultés qu'au moment de la dissolution de l'association. C'est donc un signe des temps et une indication certaine que le moment de la dissolution est proche, à voir la ténacité avec laquelle on met sous les yeux du public la fameuse déclaration et nous voyons que les *droits de l'homme* ne sont pas ce qu'un vain peuple pense !

Et pourquoi craindre et refuser l'affichage dans les églises ?

Affichez ! affichez ! Il n'y est question que de vertus et talents qui donneront aux prêtres matières à développements moraux, article par article, où respire probité, franchise, tolérance.

A l'article VI, il auront ainsi à montrer aux électeurs la nécessité de choisir comme mandataires ceux qui possèdent capacités, vertus, talents :

Et comme les vertus privées ne sont pas exclues, ils auront à monter sur une échelle, pour voir par-dessus le mur de Guilloutet ! Qu'on se le dise ! Nous n'y avons pas songé.

Et l'on ferait alors entre autres, cette simple comparaison.

Les journaux, même républicains rapportent que M. Buffet, ministre, en se rendant au ministère, portait dans une poche de son porte-monnaie les timbres-poste pour sa correspondance privée !

Que l'on compare aux causes de démission du président Grévy, adorateur des *immortels principes*.

Et toujours pour se conformer aux *droits de l'homme* on aurait à rechercher ce qu'il y a eu de mystérieux dans la mort de Félix Faure et de Gambetta. Au dernier anniversaire de ce célèbre avocat, un de ses journaux dévoués a cru devoir rappeler l'accident qui a précédé sa mort.

Ce récit paraît inexact.

Et par-dessus le mur de Guilloutet on pourrait apprendre ceci :

Etant à dîner avec sa maîtresse, celle-ci insistait une fois de plus pour se faire épouser. Refus persistant.

Alors elle tire de sa poche un revolver qu'elle braque sur son propre front. Gambetta étend son bras pour l'empêcher de tirer, et c'est lui qui est blessé à la main. Si après cela on remonte à sa théorie, « le cléricalisme c'est l'ennemi », on pourra l'expliquer par cette raison que l'Eglise considère que le concubinage n'est pas une des vertus exigées par les *droits de l'homme*.

DEUXIÈME LETTRE

Dreyfus a publié ses mémoires :

Cinq ans de ma vie.

Ce sont aussi des mémoires que je voudrais présenter, dans un fait en apparence très simple, mais qui confirme tout ce qui a été affirmé dans la première partie.

Je pourrais appeler ces mémoires *Un quart de siècle en marge de la vie.*

Pour entrer en matière, je commencerais par cette lettre ouverte à M. le Président du Sénat :

« MONSIEUR LE PRÉSIDENT,

« Si j'étais Sénateur, voici les arguments que je présenterais dans la discussion du projet de loi sur le régime des aliénés, déposé à la Chambre par M. Ch. Bernard.

« Si le régime des aliénés demande à être modifié, les raisons sont-elles dans les deux exemples cités ?

« Et d'abord, s'il y a séquestration arbitraire, la loi n'est-elle pas là pour atteindre toutes les responsabilités ? Ensuite, qui pourrait avoir qualité pour remplacer les médecins chargés de déterminer la limite entre la folie ou demi-folie et la santé de l'esprit ?

« Voici mon expérience personnelle qui pourrait être opposée aux deux exemples précités :

« A la suite d'un multiple déni de justice sur lequel le Sénat, avec une légèreté coupable, a prononcé l'*autorité de la chose jugée* (*Officiel* du 11 août 1882, pétition n° 33), les facultés mentales de ma pauvre femme, qui se trouvait à l'état de nourrice pendant les longues semaines qu'a duré ce scandale, se sont gravement troublées.

« Il a fallu l'interner.

« Il est vrai que l'internement n'a pas eu lieu en France, car je ne pouvais me résoudre à laisser la malade dans le pays des *droits de l'homme*, lesquels nous ont été refusés d'une manière lamentable, suivant l'expression de Jules Ferry, chargé de remettre à la Chambre une première pétition sur le même sujet (1), et qui, en qualité de compère avocat, a *négligé* d'y joindre le récit imprimé déclaré insolite, parce qu'il mettait à nu la faillite frauduleuse des *droits de l'homme*. La Chambre était ainsi mise dans l'im-

(1) Voir la *Vérité sur la Question judiciaire*, Imp. Chassel, à Mirecourt.

possibilité de se prononcer, comme le Sénat peut s'en convaincre par le récit accompagnant ma susdite pétition, récit qui, s'il n'était pas conforme à la vérité, m'aurait fait lourdement condamner pour outrage à la justice par les intéressés qui, au contraire, m'ont humblement prié de ne pas distribuer ce document.

« Après deux années d'internement, la malade s'est trouvée assez bien pour que le Directeur permît de la retirer *provisoirement*.

« S'il ne l'avait pas fait, il nous aurait rendu un grand service, et pourtant on aurait pu être accusé de séquestration arbitraire

« L'amélioration ne s'est pas maintenue, il a fallu aviser de nouveau.

« Mais les médecins sont prudents, et on admet que généralement ils pratiquent leur profession avec autant de science et de conscience que peuvent le faire les juges qui prétendent améliorer la justice en foulant aux pieds les lois qu'ils sont chargés d'appliquer. Les avocats seuls ont le droit d'agir sans conscience, et comme ce sont eux qui ont charge d'inspirer les juges, on voit d'ici ce que deviennent les *droits de l'homme*, et si votre charge, Monsieur le Président, d'en être le gardien n'est pas trop lourde pour des forces humaines.

« Pour interner notre malade de nouveau, il aurait fallu une folie déclarée, ce qui n'a pas été le cas.

« Pourtant, il fallait chercher un remède ; on a essayé de l'hydrothérapie, et on s'est contenté d'une maison de santé ouverte.

« Là, un matin de novembre, à six heures, elle s'est jetée par la fenêtre du deuxième étage, et est restée sur le sol jusqu'à huit heures avec les deux jambes brisées !

« Après sa guérison, qui a demandé dix-huit mois, il a fallu l'interner de nouveau, elle y est encore !

« Ce multiple déni de justice, semblable à ceux de Château-Thierry, mais de plus, empoisonné par les conséquences néfastes de l'interprétation pernicieuse d'une loi à double sens a été pour moi, mon entourage et ma descendance autrement grave que ne l'a été pour Dreyfus une erreur contestable ! et en raison de la doctrine de Château-Thierry, ma susdite pétition redevient d'une actualité saisissante ; car si le vol et le vagabondage sont officiellement protégés, que devient la loi sur la diffamation ?

« Une poutre enlevée à cet édifice déclaré vermoulu, n'est-ce pas l'effondrement de l'édifice ?

« Cette doctrine de Château-Thierry fait époque, et il y a de quoi ; il est donc important qu'elle soit examinée à fond.

« Un jour, dans un restaurant de Paris, je me suis trouvé voisin de table avec un rédacteur de la *Petite République*. C'était un ardent Dreyfusard, parce que c'est la Vérité et la Justice qui sont en cause. Il n'était pas moins ardent partisan de M. Magnaud, parce que... parce que... ici c'est tout le contraire, au point de vue des lois existantes, il semblerait pourtant que Vérité et Justice n'ont pas de tarif, mais c'est l'avenir ! C'est la contestation par voie judiciaire du droit de propriété ! Voilà le gros mot lâché !

« Et tel est le parti pris et la vue étroite de certains esprits, mêmes cultivés, que c'est le côté matériel qui seul les frappe.

« La voleuse d'un pain n'est plus en cause, mais la doctrine nouvelle et ses conséquences !

« De même pour « l'Affaire, » ce n'est plus la personne de Dreyfus qui est en cause, mais devenu le classement des Français en deux catégories, les *nationalistes* et les *internationalistes* qui s'est greffé là-dessus.

« Droit et propriété !

« Que représentent ces deux mots ?

« Le premier n'est que moral.

« Le second n'est-il que matériel ?

« La propriété n'est-elle pas le résultat de tout travail fécond, même datant de plusieurs siècles ? Et n'est-il pas vrai que le travail c'est le plus beau de la vie et donne à l'individu sa vraie valeur ? Celui qui ainsi perd son droit ne fait-il pas une double perte, l'amour de la Patrie et l'ardeur au travail dont la protection lui est refusée ?

« Et en vertu de la solidarité sociale, un déni de justice reste comme tatoué et ineffaçable dans tout son être.....

« Et si j'étais Sénateur encore pour discuter la loi de Pardon qui se prépare, je dirais :

« 1° Faites d'abord que les innocents condamnés puissent vous pardonner à vous-mêmes, en faisant de la loi sur la diffamation la protection de la probité au lieu d'en faire un système d'exploitation au profit des malfaiteurs de toutes catégories

« 2° Séparez les questions de *fait* et de *droit* pour les soumettre à deux juridictions spéciales et soulager ainsi la conscience du juge au lieu de le charger de concilier l'inconciliable.

« 3° Supprimez les juges de profession pour les questions de fait et d'intérêt, dans lesquelles l'arbitrage est la vraie justice.

« 4° Supprimez aussi les juges de profession pour appliquer la loi de Pardon, afin de les soustraire à la tendance d'être indulgents envers une certaine catégorie d'électeurs et sans pitié pour d'autres.

« Ce serait une coupe d'éclaircie dans le *maquis de la procédure*, et s'il faut revenir à l'ancien droit français et même canonique, et à l'enseignement de Jésus, tous préconisés par M. Cruppi, on ne voit pas trop pourquoi ce serait au seul profit des malfaiteurs !

« Quant à l'enseignement de celui que M. Cruppi appelle avec quelque raison le sans-culotte Jésus, il est de toutes les époques. Lorsqu'il dit : « Et si quelqu'un veut plaider contre toi pour avoir « ton habit, donne lui aussi ton manteau. » Sa pensée est facile à compléter : *Car les hommes de loi avec leur justice pharisaïque te prendraient encore ta culotte.*

« L'exemple qui va suivre est frappant de cette idée.

« UN ÉCLABOUSSÉ. »

*
* *

C'est le récit de cet exemple qui a été soumis au Sénat. La haute Assemblée n'y a rien trouvé de mieux que de prononcer l'*autorité de la chose jugée!* Si la forme de ce récit, étrange et outrageante pour la Justice, ne l'a pas ému, c'est qu'on pourrait croire que telle qu'une association de fripiers, l'Assemblée se trouve sous l'influence de cette suggestion trompeuse, affirmant que nous avons l'égalité devant la loi! Et lorsque plus tard, j'ai vu s'asseoir sur les bancs du Sénat celui dont Jules Ferry m'a écrit : « Je connais la main haineuse qui a tout ourdi contre vous.» (C'était F.·. Ven.·. de la Liberté? Egalité?? Fraternité???). J'ai été hanté par cette idée que la fameuse *déclaration des droits de l'homme* n'était pas absolument démocratique, et que *Vertus* et *Talents* réclamés par l'art. VI, sont plutôt *rares* et *aristocratiques* qu'abondants et vulgaires, et les électeurs sont plutôt guidés par l'intrigue et la fraude que par les *droits de l'homme*, et ainsi nous assistons à cette ironie douloureuse et humiliante, de voir ceux qui se déclarent internationalistes et *sans Patrie* et qui pourraient s'en aller librement, sans que la Patrie soit en deuil, s'emparer du pouvoir par toutes les ruses, et au nom de cette même Patrie, expulser ceux qui en attendent aide et protection. Nous disons par toutes les ruses, car les avocats sus-nommés comme les autres, font l'évolution signalée par M. C. Pelletan, et portent dans la politique le manque de sincérité que demande leur profession d'après M. Pelletan, lorsqu'il dit : « On ne demande « pas à l'avocat si le plaidoyer qu'il prononce pour Pierre est d'ac« cord avec celui qu'il a prononcé pour Paul. Et il peut impuné« ment, il *doit même* exprimer toutes les idées qui servent son « dossier du jour, alors même qu'elles seraient opposées à celles « qu'il a dû développer pour un autre client. » Ainsi, pour M. Pelletan si l'idée de Vérité et de Justice n'existe pas chez le fraudeur et le malfaiteur, elle doit aussi être étouffée chez l'avocat, qui doit l'appeler *blanc* aujourd'hui et *noir* demain! *Et c'est naturel* : Me Labori disant à propos de Dreyfus : il y a en prison et au bagne beaucoup d'innocents dont nul ne s'occupe. Ces innocents ne diront-ils pas de la manière suivante et avec une satisfaction légitime ces vers fameux :

Voir le dernier *Robin* à son dernier soupir,
Moi seul en être cause et mourir de plaisir.

M. Pelletan est un homme de progrès, et il estime que la fraude et le mensonge doivent être la règle au prétoire où se fait la distribution des *droits de l'homme*; si son appréciation sur la marine est aussi conforme à la vérité que celle qu'il porte sur les avocats est conforme à la justice, les amiraux pourront lui appliquer ce mot bien connu : Vous êtes trop *homme de terre* pour être marin.

Si c'est là l'esprit laïque issu de la Révolution qui doit conduire le monde dans le chemin de cette Vérité et cette Justice dont l'humanité a soif, dit-on, nous sommes tous bien jobards! ainsi, la cause directe de la ruine morale et matérielle d'un citoyen réclamant les *droits de l'homme*, c'est la plus grande gloire de l'avocat (le juge n'agit que par effet de suggestion).

Alors, s'il est vrai que les serrures engendrent les voleurs, il n'est pas moins vrai que les avocats sont la semence de la fraude et de la mauvaise foi.....

Et dire qu'à Saint-Dié, pendant un quart de siècle, on ne pouvait pas se dire républicain sans être Ferryste, d'aucuns disent Ferryolâtre, c'est-à-dire partisan de la pratique de la mauvaise foi officielle — et sur commande !

J'en sais quelque chose, moi qui faisant partie d'une réunion républicaine à une époque où la guerre civile était à craindre, un des membres influents osait ainsi montrer le bout de l'oreille : Mais nous ne *sommes pas prêts pour la guerre civile !!*

Et il y a des naïfs qui prétendaient que la laïcité devait conquérir le monde par la probité, la vérité et la justice.

D'après mon récit, à méditer par la Commission de la *loi de Pardon*, une voleuse a pu mettre en mouvement 20 hommes dont l'action principale a été dirigée par celui qui s'imposait comme représentant des *immortels principes*. Ces hommes de loi, par leurs efforts, leur science juridique et leur conscience, ont abouti à déclarer que la voleuse n'a pas volé assez pour être poursuivie, et qu'en conséquence la loi exige contre le dénonciateur une triple poursuite.

Les 20 hommes de loi et agents officiels se décomposent ainsi :

1 agent de police. 1 commissaire de police.	2
1 juge de paix. 1 greffier. 1 huissier, 1 avoué demandeur 1 » défendeur. 1 témoin non appelé.	6
AU PARQUET	
2 juges d'instruction. 1 substitut. 2 autres huissiers pour les deux parties. 1 avocat-conseil. 1 avocat défendeur. 1 témoin éventuel.	8
SAISIE	
1 autre avoué. 1 autre huissier. 2 témoins.	4
	20

Le fait a une gravité à laquelle ne peut pas atteindre le *Propos d'un Parisien*, ci-dessous publié par le *Matin*.

PROPOS D'UN PARISIEN

Je crois qu'il est difficile d'indiquer en des termes plus précis et plus saisissants que ne l'a fait M. Henry Maret dans le *Radical*, l'état de choses établi par la loi au profit des huissiers.

« La société, écrit-il, dit au débiteur : Tu es dans l'impossibilité de payer cinquante francs, tu vas en donner cent, dont quarante pour un monsieur à qui tu ne dois rien du tout. »

C'est, en effet, ainsi que les choses se passent. Les huissiers sont autorisés à prélever, chaque année, 35 millions sur des gens à ce point dépourvus d'argent qu'il leur est impossible de payer leurs créanciers.

A quelle nécessité répond cette effroyable exploitation de la misère? Comment se fait il qu'une pareille monstruosité subsiste sous le couvert de la loi ?

Il se peut que, parmi les débiteurs poursuivis, quelques-uns soient de malhonnêtes gens, mais ils représentent l'exception.

En tout cas, jamais on n'arrivera à expliquer pourquoi, s'il y a des malhonnêtes gens, leur malhonnêteté doit profiter à une classe d'individus auxquels ils n'ont causé aucun préjudice.

Aussi comprend-on que la suppression des huissiers soit demandée précisément par un ancien huissier, M. Bonnardot.

Il a vu les choses de près, celui-là ; il connaît les cruautés inutiles dont sont victimes les malheureux qui tombent sous la griffe des huissiers, c'est ce qui explique son initiative.

Aura-t-elle un résultat? Heu! dans cinquante ans, peut-être... et encore !

H. Harduin.

Ces 20 hommes, à des titres divers, ont appliqué la loi, et le Sénat, gardien de la loi, qui avait sous les yeux le récit qui va suivre, a déclaré que c'est bien.

Le Sénat paraît impuissant et peu soucieux de rien changer, puisqu'il ne peut rien contre la nouvelle doctrine de Château-Thierry, qui commet avec fracas ce que ces 20 hommes, chacun dans son rôle, ont fait par habitude, sans se vanter, mais sans me poursuivre pour outrage d'avoir fait cette publication, authentique malgré son déguisement, ce qui prouverait que les choses se passent ainsi tous les jours, et le peuple inconscient se trouve satisfait de croire à l'égalité devant la loi.

Il semble donc important que la question soit ouvertement posée, de savoir si le fait de violer la loi au lieu de l'appliquer ne nécessite pas une réforme complète de l'organisation judiciaire.

Voici ce récit :

SOLIDARITÉ OU RANCUNE

Contre un homme de couleur (1)

Procès célèbre, tiré des archives lacustres, traduit et comparé à la justice de son pays, par

IPPEPLHI

Par droit de naissance, et la volonté de son maître, premier justiciable de Sa Majesté toute puissante et non moins inconstitutionnelle, le roi de Dahomey.

Et si quelqu'un veut plaider contre toi pour avoir ta ceinture, tu dois être condamné à lui abandonner aussi ton manteau. (code de Dahomey, entrevu par St Mathieu évang., ch. 5, v. 40).

PERSONNAGES :

HAFFRY....................
LIPS et famille...............
RANCUNE...................
SÉVÈRE... ....
Mme SÉVÈRE.................
DANSAGAUCHE...............
FRÆNZEL...................
HÆNSEL....................
JUGE DE PAIX...............
SUBSTITUT.................
PROCUREUR.................

M Froment, procureur conservateur destitué, venait de quitter le Parquet.

(1) Les premières scènes étant banales comme celles qui se passent dans tous les ménages, je ne commence qu'à la scène VIII.

SCÈNE VIII

LES MÊMES — THÉRÈSE

Mme Lips à Thérèse. — Vous pouvez vous chercher une place pour la fin du mois, nous avons engagé une autre domestique.

Thérèse. — Ah! Madame, vous me renvoyez? eh bien, je pars tout de suite, mais vous me payerez

Lips. — Vous pouvez partir tout de suite si vous voulez, mais alors on ne vous payera que jusqu'au moment de votre sortie, on serait même en droit de vous retenir tout le mois.

Thérèse. — C'est ce que nous verrons; j'irai au juge de paix, et à la police, et nous verrons qui aura raison.

Lips. — Vous irez où vous voudrez, nous n'avons pas de gratification à vous faire.

(Thérèse sort et revient avec un agent de police pour enlever son linge, et se fait allouer par le juge de paix une indemnité de 7 fr 50 : *attendu que le témoin produit a affirmé le contraire de ce qu'elle voulait lui faire dire ;* mais attendu aussi, se disait le juge de paix en lui-même, que rien ne prouve que ce témoin n'a pas été corrompu, comme l'insinue fort judicieusement la plaignante ; et dans ce cas, la misérable somme de 7 fr. 50 n'est pas la mer à boire et fera du bien à une pauvre fille qui, en somme, ne se trouve sur le pavé que parce que l'accusé ne veut plus d'elle)

D'ailleurs, à Dahomey, les hommes de couleur n'ont aucun droit, et si celui-ci ne ressemble pas à un nègre, c'est qu'il a dû se faire teindre.

SCÈNE IX

M. ET Mme LIPS, FRANCISKA, HÉLÈNE, couturière

Sophie, revenant de la boucherie. — Je rapporte à Madame l'argent qu'elle m'a donné de trop, la viande ne coûte que 16 sous la livre et non 18.

Mme Lips. — Ah! mais vous savez que voilà bien deux mois que Thérèse a annoncé une augmentation de deux sous.

Sophie. — Oui, Madame, je le sais.

Mme Lips. — Allez donc demander depuis quand la viande est diminuée.

(Sophie s'en va et revient un instant après).

Sophie. — La viande n'a coûté que 16 sous pendant tout l'hiver.

Mme Lips. — Ah! voilà les coquineries qui se dévoilent.

Lips. — Savez-vous qu'il y en a assez pour la conduire en police correctionnelle?

Sophie. — Il est encore dû 1 fr. 60 pour de la viande qu'elle a cherché à crédit en recommandant de ne rien en dire à Madame. La boulangère réclame aussi 1 fr. 10 et M. Montagne les 0 fr. 45 que Mlle a donné à Thérèse pour les lui remettre

Lips. — Et puis, en voilà bien une autre (*lisant une lettre qu'on venait de lui apporter*) : Monsieur, j'ai appris que votre bonne vous a quitté, et comme je suppose que vous ignorez qu'elle a acheté chez moi à crédit les objets suivants, je viens vous en remettre la note.

Tapioca	1,30
Sel	0,20
Fil d'Ecosse.	0,45
Chocolat	1,50
Ensemble	3,42

STEPHEN, *épicier*

Mme Lips. — Voyez-vous cela? jamais je n'ai envoyé à l'épicerie sans argent, et encore du chocolat, dont nous avons toujours une provision reçue de la fabrique! Et puis, Stephen, je ne le connais même pas de nom, puisque j'envoie toujours chez M. Montagne.

Hélène, couturière. — Ah! elles en font bien de l'autre, il y en a une qui a bien bu 20 bouteilles de Bordeaux chez M. Rietz.

Lips (se rappelant de l'accusation portée par Thérèse contre Sophie, descend à la cave; en remontant) : — De plus fort en plus fort. Toute la rangée de derrière est dégarnie, tant du Bordeaux que du vin blanc.

Mme Lips. — Ah! c'est ainsi qu'elle a toujours fait fi sur le vin, une fois, elle a même acheté une bouteille de bière pour elle, pour faire croire qu'elle n'aimait pas le vin.

Sophie. — Et souvent elle a versé son vin sur l'évier en disant qu'il ne valait rien, et ce matin, en voulant faire la lessive, j'ai trouvé dans les cendres deux bouteilles vides avec les bouchons enfoncés, et d'autres au grenier derrière le bois.

Lips. — Et savez-vous, Sophie, que c'est vous qu'elle a dénoncée d'avoir bu notre vin, et pris différents objets?

Sophie. — Je pense bien que vous ne croyez pas cela.

Lips. — Maintenant, nous sommes certains du contraire, mais notre intention était d'écrire à votre mère pour la prier de vous reprendre, car, après la dénonciation de Thérèse, nous ne pouvions pas vous conserver.

SCÈNE X

(Chez M. Sévère)

M. ET Mme SÉVÈRE, M. DANSAGAUCHE, frère de Madame

Mme Sévère. — Je viens de chez Mme Lips, qui m'a confirmé les renseignements déjà donnés par son mari à mon frère, c'est que la fille que nous venons d'engager est la plus grande vaurienne. Non seulement elle a commis chez Lips des détournements et abus de confiance, mais il parait que sous des dehors de bonhomie ell cache la plus noire méchanceté.

Dansagauche. — Oui, d'après une lettre du curé de son village, c'est ce qu'il y a de plus crapuleux, et qui ne serait reçu dans aucune maison de sa commune.

Mme Sévère. — Madame Lips m'a bien recommandé le secret, et je ne sais comment faire, car je ne veux pas garder cela plus longtemps à la maison, il paraît qu'elle est de la famille d'un assassin qui a été guillotiné il y a quelques années.

Dansagauche. — Ceci ne veut rien dire, elle n'est pas responsable des crimes de ses parents, je connais la loi.

Mme Sévère. — Mais, mon cher ami, tu ne sens pas qu'il me répugnerait de la garder plus longtemps à la maison, mais comment faire pour la renvoyer?

Dansagauche. — Attendez! j'ai une idée; dans la lettre du curé il est dit qu'elle a eu deux enfants, tu lui demanderas si c'est vrai et donneras ce prétexte pour la renvoyer.

Mme Sévère. — Excellente idée (*elle sonne*)

Thérèse (entrant). — Madame me demande.

Mme Sévère. — Oui, c'est que vous êtes entrée chez nous sans livret ni certificat, et il faut cependant que je sache à qui j'ai à faire.

Thérèse. — Madame, j'irai chercher un certificat chez les maîtres où j'ai servi, ils ne pourront pas me le refuser.

Mme Sévère. — Nous verrons votre certificat, mais dites-moi, est-ce que vous n'avez jamais eu un enfant?

Thérèse. — Pourquoi me demandez-vous cela? Oui, Madame, j'en ai eu deux et cela ne regarde personne, ce n'est pas un crime, et pour tout le reste personne n'a rien à me reprocher, je puis retourner dans toutes les maisons où j'ai servi.

Mme Sévère. — Ce n'est pas si sûr que vous le croyez.

Thérèse. — Qui est-ce qui dit cela? Si quelqu'un vous a dit du mal de moi, ce sont ces Lips. Après m'avoir laissée crever de faim et estropier la main par un travail de cheval, ils voudront encore m'enlever mon nom honorable; mais cela ne se passera pas ainsi, ils m'en répondront devant le juge de paix.

Dansagauche. — Ah! si vous êtes innocente, vous avez raison de vous défendre, ils auront à prouver que vous les avez volés.

Thérèse. — Si je suis innocente! (*fondant en larmes*). Pouvez-vous croire, Monsieur, que si j'étais une voleuse je resterais ici. Seulement, je n'ai pas l'habitude d'aller en justice, je suis pauvre et sans personne pour me défendre.

Dansagauche. — Soyez tranquille, je suis avocat, je vous défendrai, s'ils vous ont calomniée, ils vous le payeront cher.

Mme Sévère (après avoir prié Thérèse de se retirer). — Mais, mon frère, je t'en prie, tu te laisses trop emporter par la passion de ton métier. Moi qui avais l'intention d'aller remercier Madame Lips de son avis bienveillant, tu me mets dans une fâcheuse position en plaidant contre eux dans cette affaire, ce qui est fort vilain.

Dansagauche. — Tant pis pour eux, ils n'ont qu'à fournir les preuves de ce qu'ils avancent, et tout sera dit.

M. Sévère. — Ah mais non! tout ne sera pas dit. En votre qualité d'avocat, vous devriez savoir qu'on ne fait pas la preuve de la diffamation, et le tout pour cette fille sera de produire des témoins. Est-ce que Lips a parlé en public?

Dansagauche. — C'est bien au café qu'il m'a parlé ; mais il a été assez rusé pour attendre que nous fussions seuls, avec un de ses amis. Mais je pourrai peut-être bien servir de témoin en même temps que d'avocat, car je tiens à plaider cette affaire, que j'aurai toutes les chances de gagner, contre un homme de couleur.

Mme Sévère. — Mais tu te trompes, ce sont les noirs qu'on appelle des hommes de couleur.

Dansagauche. — Il a dû se faire teindre.

SCÈNE XI

(Chez Lips)

(*On sonne*). Un huissier apporte une assignation en justice de paix.

(*On sonne encore*).

Un agent de police. — Je viens de la part de Mlle Rancune, demander si vous voulez la payer ; elle vous tiendra quitte pour 150 fr. si vous payez de suite, au lieu de 200 fr. qu'elle demande si vous l'obligez d'aller en justice.

Lips. — Ah ! vous venez de la part de cette fille-là ; eh bien ! je vais aller trouver vos chefs pour savoir de quelle autorité vous faites ce service déjà pour la seconde fois.

L'agent de police (à part). — Me dénoncer ? mais il oublie qu'il est un homme de couleur, et qu'à Dahomey les gens du roi ont tous les droits (*haut*). Si Mlle Rancune n'a pas ses 150 fr. pour 1 heure elle ne les acceptera plus (*il sort*).

Mme Lips. — Tu feras bien de payer, car à la fin, ce sera encore toi qu'on punira.

Lips. — Tu n'y penses pas, ma chère ; elle a fait appel à la justice, il faut que justice soit faite Elle me tiendrait quitte pour deux sous que je ne les lui donnerais pas. La justice, dans notre pays lacustre, se rend de la façon la plus simple ; que ce soit pour deux sous ou mille francs, le tout est d'apporter des preuves. Or, nous avons comme témoins, non seulement Sophie et la bouchère, mais la note de l'épicier, et un écrit est le témoin le plus sûr.

Mme Lips (d'un air craintif). — Mais on entend si souvent parler de procès perdus qu'on croyait gagner ; à la fin on te conduira encore en prison.

Lips. — Allons, ne pense plus à cela. Il se pourra que le juge de paix me condamne pour la forme et par habitude, mais il ne faut pas croire qu'il accordera les 200 francs à cette coquine-là ; car elle ne pourra produire aucun témoin à l'appui de son accusation mensongère d'après laquelle j'aurais colporté des bruits diffamatoires jusque dans son village. Ensuite, comme la justice est égale pour tous, s'il y a des condamnations, Thérèse sera à son tour condamnée en faveur de Sophie, et c'est celle-ci, l'honnête fille calomniée, qui aura l'indemnité, ce qui est de toute justice ; car, figure-toi quelle chose terrible pour la mère de voir sa fille innocemment chassée pour vol ; elle fait donc bien de demander raison de cette calomnie.

Mme Lips. — Je ne puis pas rester aussi calme que toi, je crains qu'on nous fasse encore beaucoup de mal ; tu as des ennemis politiques.

Lips. — La politique n'a rien à voir dans cela, quel mal veux-tu qu'on nous fasse dans une affaire aussi simple et aussi claire? (*Puis, prenant le ton d'une inspiration prophétique*). Sans doute, l'humanité traversera des phases bien étonnantes, pour en revenir sur ses vieux jours à la justice primitive! On verra plus tard Sparte, où les voleurs seront récompensés! Plus tard encore, la démocratie bâtarde, où l'on ne condamnera que ceux qui pourront payer, et où les Etats se refuseront à faire les frais de justice, parce qu'ils se ruineront à fabriquer des armes pour faire la guerre ! On verra encore Dahomey où la justice sera incarnée dans le caprice du roi! mais dans notre cité lacustre, la justice est dans l'enfance de l'art, et jamais on ne donnera raison à ceux qui ont tort! sois donc sans inquiétude.

SCÈNE XII

HAFFRY dans son cabinet avec HÆNSEL, exécuteur... des lois.

Hænsel. — Je vous dis que ce Lips est un traître, c'est lui qui a travaillé le plus à nous susciter la candidature qui a anéanti toutes nos espérances! d'ailleurs, il a eu la visite du sous-préfet, c'est tout dire. Et savez-vous comment il explique maintenant sa trahison? Il dit que cette candidature a été mise en avant dans notre propre intérêt, prétendant unir les *peureux* aux *purs*, comme si un parti qui se respecte pouvait faire des alliances semblables.

Frænsel, autre homme de loi arrivant comme un ouragan, se frottant les mains). — Quelle veine! cet affreux Lips, ce traître, est entre les griffes de sa domestique, qui l'a traduit en justice de paix pour diffamation. C'est Dansagauche qui devait la défendre, mais comme il était le seul témoin pour le cas d'une enquête, c'est moi qui ai été chargé de la défense ; jugez si je me suis fait prier!

Hænsel. — La belle occasion pour déployer votre talent oratoire!

Frænsel. — Rien du tout. La drôlesse pleurait comme un crocodile, le juge de paix a déclaré la cause entendue, et a condamné Lips aux 200 francs réclamés, sans même demander à entendre de témoin, tout comme s'il s'agissait d'un nègre, c'est ma foi bien fait, ce drôle n'a que ce qu'il mérite.

Le juge de paix a ensuite remis d'office, on ne sait trop pourquoi, une affaire semblable, intentée à cette drôlesse par la deuxième bonne de Lips, de cette façon les 200 francs seront sauvés, et nous pouvons manœuvrer en toute sécurité pour la défense de la veuve et de l'orphelin, car l'affaire se complique bien autrement ; Lips a déposé au parquet une plainte en abus de confiance contre cette fille, et il s'agira de la défendre ; c'est l'affaire de Haffry.

Haffry. — Lips a toujours été mon client, je ne puis guère plaider contre lui.

Frænsel. — Beau client, il ne plaide jamais, et puis c'était lui le plus enragé pour nous enlever le pontificat.

Haffry. — Ah ! s'il y avait une ordonnance de non-lieu, on le tiendrait joliment.

Hænsel. — Quel festin ! laissez-moi aussi une tranche.

Frænsel (en ricanant). — Vous ferez l'exécution ! Lips ayant déclaré qu'il irait en appel, se refusera de payer, tant que le parquet n'aura pas statué.

Hænsel. — Il faut faire venir la drôlesse.

Frænsel. — Elle est là, je vais la faire entrer (*Thérèse entre*).

Haffry à Thérèse. — Vous avez à vous plaindre de M. Lips.

Thérèse. — Oh ! Monsieur, des gens pareils, après m'avoir laissée crever de faim et estropier la main par un travail de cheval, ils voudraient encore m'enlever mon nom honorable; mais au moins je vois qu'il y a encore une justice au monde pour les pauvres gens.

Haffry. — Maintenant, vous êtes accusée de détournement et abus de confiance. Qu'avez-vous à répondre ?

Thérèse. — Ils ne peuvent rien me prouver.

Haffry. — S'ils ne peuvent rien prouver, votre position est belle, laissez-moi faire.

Thérèse. — Il faut bien qu'il y ait une justice pour les pauvres gens, sans cela on y perdrait son nom.

Haffry. — Comment vous appelez-vous ?

Thérèse. — Thérèse Rancune.

Haffry. — Quel nom vigoureux, vous avez raison d'y tenir.

SCÈNE XIII

(Au Parquet)

LE SUBSTITUT — LIPS

Lips. — Y aurait-il de l'indiscrétion à demander où en est l'affaire que j'ai remise entre vos mains ?

Le Substitut. — Je ne vois pas que cela puisse donner grand chose, et j'ai rendu une ordonnance de non-lieu.

Lips (consterné). — Mais vous avez vu qu'il y a un abus de confiance bien établi.

Le Substitut. — Eh bien, j'ai demandé l'avis de M. Saint-Luc, qui m'a dit qu'il n'y voyait pas grand chose

Lips. — Vous n'avez pas à demander l'avis de M. de Saint-Luc ; l'instruction établit l'abus de confiance, vous ne pouvez pas aller contre. Au surplus, M. Saint-Luc n'a fait qu'une partie de l'instruction, et a notamment entendu l'inculpée qui, naturellement, se blanchit autant que possible, tandis que ma déposition et celle du principal témoin ont été reçues par M. Saint-Mathieu.

Le Substitut. — Si c'est saint Mathieu l'évangéliste que vous invoquez, vous n'aurez encore une fois pas raison ; on pourra bien vous appliquer le code de Dahomey. Lisez ch. 5, v. 40. Si c'est du juge d'instruction que vous parlez, celui-ci est malade, sans cela je vous dirais d'aller le trouver, et, *s'il le désire, je poursuivrai.*

Lips. — Mais, encore une fois, vous avez vu que l'abus de confiance est bien établi par l'instruction.

Le Substitut. — Mais, Monsieur, vous vous permettez de donner des avis à la justice....., à propos de cela, j'avais déjà l'intention de vous faire appeler, m'étant aperçu que vous suspectez un agent de police, et vous savez qu'à Dahomey ce n'est que sous la peine de mort qu'on parle mal des gens du roi.

Lips. — Non-seulement je le suspecte, mais je l'ai dénoncé en flagrant délit d'abus de pouvoir, et je croyais que dans l'intérêt de la justice, et pour lui éviter d'être dupée, on devait dire *toute la vérité* sans pour cela être taxé de dénonciateur.

Le Substitut. — Enfin, voulez-vous que je vous dise, *je ne veux pas engager les fonds de l'Etat pour deux sous.*

Lips. — Mais, Monsieur, les fonds de l'Etat sont les nôtres! nous payons des contributions pour avoir la sécurité. Toutefois, s'il ne s'agit que de cela, je ne reculerai devant aucun frais pour obtenir justice.

Le Substitut. — Vous pouvez poursuivre en votre nom, mais si vous échouez, vous aggravez votre position.

Lips. — Aggraver ma position! Mais ce n'est pas moi qui suis le voleur! En me répondant que vous ne voulez pas engager les fonds de l'Etat pour deux sous, vous reconnaissez vous-même que j'ai été volé, vous trouvez que ce n'est guère, soit, mais moi je trouve que c'est de trop, la somme n'y fait rien.

Le Substitut. — Je vous le répète, si vous échouez dans une poursuite en votre nom, vous pouvez être actionné en dommages-intérêts.

Lips. — S'il y a une justice, on ne peut pas échouer avec des preuves matérielles comme celles que j'apporte! mais le cas des dommages et intérêts n'est-il pas le même dans l'état où en est l'affaire?

Le Substitut. — Du tout; on n'a aucune action contre vous pour une plainte portée au parquet.

Lips. — Si vous êtes sûr de ce que vous dites, je vous écoute, car il me tarde d'en finir.

Le Substitut. — Si je suis sûr? quelle impertinence!

SCÈNE XIV

M. ET Mme LIPS — FRANCISKA

Lips. — Le croirait-on? dans notre cité lacustre, le pays de la justice par excellence, on vient de nous appliquer la loi de l'avenir, la loi de la civilisation. Le substitut vient de me dire que nous n'avons pas été assez volés, c'est-à-dire que l'Etat ne veut pas engager ses fonds pour deux sous, soit deux sous par jour et par livre de viande, pendant deux mois, sans compter la note de l'épicier et le reste. Ainsi, à l'avenir, nous ne pourrons plus recourir à la justice, sans demander au préalable jusqu'à quelle somme le vol est permis.

Franciska. — C'est bien fait!... voilà ce que c'est que votre justice, dont vous faites tant de cas, en la mettant au-dessus de tout, même au-dessus de la patrie et de la religion!

Lips. — Si j'ai dit la justice, je n'ai pas dit les juges.

Mme Lips (*troublée*). — Cela ne finira donc jamais avec vos juges; lorsqu'ils t'auront conduit en prison, ils me prendront encore mes enfants (*elle se sauve dans la rue à demi-habillée avec son nourrisson sur les bras*).

Lips (*la ramenant*). — Mais tout est fini maintenant, nous n'avons plus rien à faire aux juges, heureusement; nous pouvons suivre les recommandations du médecin et aller faire un séjour à la campagne pour oublier tout cela. Tu y retrouveras l'appétit et le sommeil, qui rétabliront tes forces et rendront la santé au petit.

Mme Lips (*dont la raison s'égarait de plus en plus*). — Toi aussi, tu veux me tromper! on ne peut donc plus se fier à personne! je vois que tu es d'accord avec les juges pour me conduire en prison. Toi que j'ai tant aimé, tu conspires avec mes ennemis pour me perdre et me prendre mes enfants.

Lips. — Non, ma chère, sois calme et préparons-nous, la voiture va venir nous prendre pour nous conduire à la campagne, où nous serons tranquilles, et toutes ces tribulations seront bien vite oubliées.

SCÈNE XV

A l'hôtel du Lac — Mme KRON — M. ET Mme LIPS

Lips. — Avez-vous de la place, Madame, pour nous loger pendant quelque temps?

Mme Kron. — Oui, Monsieur, j'ai encore une très belle chambre disponible, je vais faire monter vos bagages; asseyez-vous en attendant, vous avez l'air bien fatigués; prenez place, Madame.

Lips. — Oui, assieds-toi un peu... Ma pauvre femme est dans une terrible agitation depuis quelques jours. je ne sais ce qu'elle va devenir. Nous avons quitté Saint-Lac ce matin, et cette chaleur étouffante ajoute encore à son agitation. Nous allons essayer de passer quelque temps dans vos belles montagnes, et j'espère que le grand air la calmera.

Mme Kron. Ah! vous venez de Saint-Lac, nous voyons quelquefois des personnes de votre pays, connaissez-vous un Monsieur Hænsel, à Saint-Lac.

Lips. — Je ne le connais que trop.

Mme Kron. — Qu'est-ce qu'il est, ce Monsieur?

Lips. — C'est l'exécuteur des...

Mme Kron. — L'exécuteur!!! il me semblait bien!!!

Lips. — L'exécuteur des lois.

Mme Kron. — Des lois, c'est toujours à peu près la même chose. Dites-moi, Monsieur, est-il marié, cet homme? (*regardant par dessus ses lunettes d'un air scrutateur*).

Lips. — Il est très bien marié.

Mme Kron. — C'est qu'il est venu quelquefois loger chez nous avec sa dame, pour faire des excursions dans nos montagnes, et si j'ai supposé qu'il faisait un métier honteux, c'est qu'il a fait monter du Champagne dans sa chambre à 11 heures du soir, chose que je n'ai jamais vue entre mari et femme, dans la société comme il faut.

Lips. — C'était pour célébrer le mariage civil, sans doute.

Mme Kron. — Cela me fait l'effet d'un si singulier personnage, que je n'ai pu m'empêcher de m'informer de lui auprès de plusieurs personnes. Les unes disent que c'est un brave et honnête lacustre; d'autres, au contraire, prétendent qu'il est envoyé dans le camp lacustre par les ennemis de la cité, comme qui dirait un renard dans un poulailler pour y jeter l'épouvante et en abattre le plus possible.

Lips. — Dans ce cas, c'est un chef-d'œuvre de réussite... Enfin, laissons tout cela, et songeons à rétablir note malade.

Mme Kron. — Et d'où vient à Madame ce dérangement?

Lips. — Ma femme nourrissait notre petit garçon, qui a maintenant 3 mois, et par suite d'un désagrément avec une affreuse créature de domestique, elle a été tellement saisie, qu'elle en perd la tête.

Mme Kron. — Ah! ne me parlez pas des domestiques, cela devient tous les jours pire; quand arrivera l'heureux moment où l'on pourra s'en passer.

Lips. — Vous la connaissez peut-être, celle-là, c'est une fille de votre pays.

Mme Kron. — Comment l'appelez-vous?

Lips. — C'est une nommée Rancune.

Mme Kron. — Rancune! mais c'est de la famille de celui qui a été guillotiné chez nous il y a quelques années; si vous avez eu cela dans votre maison, vous avez eu du malheur.

Lips. — C'est ce que M. le curé nous a déjà écrit, j'ai communiqué sa lettre aux magistrats, à l'appui d'une demande de poursuite, mais ils m'ont répondu qu'un curé qui se respecte n'écrit pas une lettre pareille, c'est de la diffamation...

Enfin, nous allons nous reposer, et demain tout sera oublié.

SCÈNE XVI

(Chambre de l'hôtel)

M. ET Mme LIPS

M. Lips. — Voyons, ma chère, calme-toi ; voilà 11 heures, il faut nous coucher, tu ne peux pas te promener ainsi toute la nuit dans la chambre. Après la chaleur de la journée, voilà un terrible orage qui éclate, et nous sommes heureux d'être à couvert.

Mme Lips. — Comment peux-tu penser à être heureux, quand d'autres ne le sont pas, et que nous avons tant de devoirs à remplir. Vois-tu cette lumière, au loin dans la montagne, au milieu de l'obscurité ; eh bien ! nos enfants sont là, surpris par l'orage, il faut aller au-devant d'eux, sans cela il sera trop tard (*elle sort*).

M. Lips (*seul*). — Que faire, mon Dieu ! la pauvre femme perd complètement la raison !... je crois qu'il ne faut pas la contrarier, et la laisser circuler librement dans la maison, les portes doivent être fermées, elle reviendra toute seule... Et dire que c'est cette misérable qui a causé tout ce malheur... il faut qu'elle ait de la corde de pendu dans sa poche... article abondant, sans doute, dans sa famille... pour avoir toujours la prétendue loi pour complice. Ainsi, le premier témoin produit par elle, témoignait contre elle, et le juge de paix s'est prononcé en sa faveur... L'agent de police, pour être son complice, a deux fois manqué à son devoir, et on me reproche d'avoir signalé le fait... Le juge de paix prononce un nouveau jugement en sa faveur, sans témoin, sur une accusation mensongère... M. Dansagauche, qui devait être son témoin, m'offre bien, maintenant, d'être en appel, témoin à décharge, tant il se sent coupable...

Mais comment pourrais-je aller en appel, après le refus du parquet de poursuivre, malgré les preuves?... je serais condamné d'avance.

Et pour comble, le juge de paix renvoie le jugement qu'il avait à rendre contre cette créature, de façon à lui permettre de sauver son butin, et pour l'honnête fille calomniée, il n'y a pas de justice !... c'est à n'y pas croire... Et après que le substitut m'a induit en erreur, par ignorance, sans doute, car nul n'était censé ignorer la loi, le substitut n'a pas besoin de la connaître..., c'est moi qui suis maintenant traduit en police correctionnelle par cet être-là!... si ma pauvre femme savait cela, elle en mourrait sur le coup !... j'ai au moins pu lui épargner cette nouvelle épreuve, en la lui laissant ignorer... J'espère que dans cette dernière affaire, cette voleuse n'aura pas si facilement raison, et qu'elle ne réussira pas à m'extorquer encore 500 fr., ce qui ferait 707,50 qu'elle attraperait ainsi au nom de la loi !... Cette loi, en vertu de laquelle je suis poursuivi, suppose évidemment l'infaillibilité d'un magistrat, ce qui n'est pas du tout la même chose que l'infaillibilité de la justice... Qu'un jugement rendu ou ajourné soit entaché... je veux dire empreint d'infaillibilité, il n'y a pas de doute à cela, puisqu'il faut qu'il en soit ainsi... du reste, les jugements de notre juge de paix en font foi ; mais que la personne d'un magistrat tel que le substitut soit infaillible ! il faut que notre pays lacustre soit déjà tombé bien bas, dans la civilisation corruptrice, pour professer une hérésie pareille !...

J'espère que l'affaire s'arrangera, puisque j'ai chargé M. Yrruë de transiger à n'importe quel prix... C'est la loi, soit, mais ce n'est pas la justice... car où est la justice dans cette affaire ? Où est l'égalité dont notre pays lacustre est si fier ?...

Est-ce, par hasard, l'avènement de cette démocratie attendue depuis si longtemps, où la justice ne doit s'exercer que contre ceux qui peuvent payer ?... où sommes-nous tombés dans le pays de Dahomey ? serais-je par hasard un nègre ?... (*se regardant dans la glace*), les extrêmes se touchent, c'est par ce côté qu'on peut me trouver de la ressemblance avec un homme de couleur... Ah ! je n'y tiens plus, je vais me coucher, cela décidera peut-être ma pauvre femme à en faire autant ..

Mme Lips (rentrant un instant après). — Comment peux-tu te coucher quand il faut aller au-devant des enfants ? Tu n'as pas vu les juges et l'exécuteur qui sont à l'hôtel, ils iront les attendre avant nous, et il sera trop tard.

Lips. — Mais non, va aussi te coucher, et demain matin, lorsque nous serons bien reposés, nous ferons une promenade de ce côté-là (*Mme Lips se couche toute habillée sur son lit, M. Lips éteint la bougie et s'endort*).

Lips (se réveillant en sursaut). — Il commence à faire jour ! 3 h. 1/2 et ma femme n'est plus sur son lit! (*il passe ses vêtements, ouvre la porte, descend l'escalier, trouve la grande porte ouverte, et instinctivement se met à courir à perte d'haleine, dans la direction où l'on avait vu la lumière dans une ferme au milieu de la nuit*).

SCÈNE XVII

(Dans une ferme)

Mme Lips — Yrruë

Mme Lips. — Si vous venez de Saint-Lac, vous devez avoir des nouvelles de mes enfants.

Yrruë. — Rassurez-vous, Madame, vos enfants vont bien ; mais comment vous trouvez-vous seule ici ? M. Lips n'est-il pas avec vous ?

Mme Lips. — Vous demandez après mon mari, vous êtes alors un juge ou le bourreau.

Yrruë. — Je ne suis ni juge ni bourreau, soyez tranquille, mais j'ai à parler à M. Lips au sujet d'une affaire urgente, où pourrais-je le voir ?

Mme Lips, en proie à une violente attaque de nerfs, allait se lancer sur M. Yrruë pour le repousser, lorsque...

Lips (arrivant tout essoufflé). — Comment, ma pauvre femme, peux-tu ainsi t'en aller toute seule ?... Et vous, M. Yrruë, ici à cette heure matinale ?

Yrruë. — Oui, je suis parti tard hier au soir, et j'ai été surpris par l'orage, de sorte que je n'ai pu arriver jusqu'à l'hôtel, et (*s'adressant en particulier à Lips*), il faut absolument que j'aie un entretien avec vous ; j'ai reçu votre lettre et examiné votre affaire qui est extrêmement grave, et ce n'est plus qu'une affaire d'appréciation de la part des juges pour vous faire condamner à la prison, pour dénonciation faite méchamment et dans le but de nuire, comme le porte l'assignation. Et d'ailleurs, je ne puis plaider sans votre présence..

Lips. — Vous ferez ce que vous voudrez, je ne puis quitter ma femme malade, c'est pour cela que je vous ai autorisé à transiger à n'importe quel prix.

Yrruë. — J'ai été trouver Haffry, le conseil de votre adversaire, chez lequel celle-ci, en qualité d'étrangère, a fait élection de domicile, et lui a fait ressortir ce qu'il y aurait de honteux pour la justice lacustre, de donner encore 500 francs à cette créature-là ; il m'a répondu : *Ah ! ils en gagnent bien de l'autre !!!?!?*

Lips. — Hé ! qu'est-ce à dire ?... alors, c'est avec cette race-là qu'il est solidaire. Un vrai lacustre aurait répondu : la loi, c'est la loi ; mais il parait que M. Haffry est moins honteux d'accepter cette solidarité, que d'invoquer une loi inique, qui permet à l'État de déclarer un vol indigne de sa colère, et par cette seule appréciation arbitraire, placer le plaignant au rang d'accusé.

Yrruë. — Vous êtes bien naïf, si vous ne saviez pas encore que c'est partout comme à Dahomey, et que les lois ne sont établies que pour consacrer toutes sortes d'injustices ; si vous habitiez le pays des nègres, vous auriez bien autrement lieu de vous plaindre ; car, si dans le pays lacustre une injustice légale peut vous faire perdre la raison, à Dahomey elle pourrait vous faire perdre la vie... vous êtes donc encore favorisé.

Lips. — Merci de la faveur.

Yrruë. — Haffry exige de plus une déclaration écrite et légalisée, par laquelle vous reconnaîtrez avoir fait par erreur cette dénonciation.

Lips. — Ce sera un *faux*, que je ne veux pas garder sur la conscience (*s'adressant à sa femme*) : Viens, ma chère, nous allons chercher une patrie plus impartiale et moins avare.

Mme Lips. — Où il n'y a plus de bourreaux... mais on amènera les enfants.

. . . .

L'orage redoubla de violence, les eaux montèrent et tout périt, juges, criminels et avocats.

L'œuvre des juges lacustres étant ainsi terminée, celle de la justice commence ; car c'est par le malheur que l'*idée* de justice est conservée et fortifié dans le monde !

. . . .

Si la caste appelée par d'autres jésuitico-juridique fait ainsi des *droits de l'homme* un trafic aussi mystérieux que peu avouable avec la loi *sévère mais injuste*, qu'arrivera-t-il avec la doctrine de Château-Thierry, qui demande une loi *ni sévère ni juste*, et si la probité tremble devant la première comme devant *Chanemougamvellalomodeliar*, ne faut-il pas qu'elle disparaisse avec la seconde ? Et sans des circonstances *très atténuantes* que le Sénat demande pour les malfaiteurs, lesquels seront ainsi les plus forts à crier : *Vive la République !*

On discute la question de savoir si le Pape doit accepter ou combattre la République. N'y a-t-il pas mieux à faire pour Sa Sainteté ?

Rester neutre sur la question de forme du gouvernement, et inscrire sur sa bannière le précepte qui, sans aucun doute, vient de celui appelé par M. Cruppi le premier sans-culotte, Jésus, si profané par les politiciens modernes : *Les immortels principes des droits de l'homme.*

∴

Tous ces événements tragiques m'ont suggéré quelques pensées qui sont, sans aucun doute, celles de l'immense majorité :

1° L'opportunisme honnête consiste à conserver la foi de nos pères, et non pas à nous joindre à ceux qui en demandent la destruction, sans que leur esprit de désintéressement et de sacrifice soit démontré.

2° Si le radicalisme peut être appliqué à toutes les opinions, il est en matière de politique et de religion un agent de division qui appelle le radicalisme opposé, et donne naissance à cette autre pensée, conséquence de ces divisions :

3° Si un frère est un ami donné par la nature, un ami est plus qu'un frère, puisque c'est le choix de la raison et du cœur.

4° Vérité et Justice ne pouvant être dans l'humanité que relatives, le progrès de l'esprit humain a pour corollaire la caducité et la destruction des empires.

5° Les avocats en fonctions, et d'autres fonctions judiciaires devraient être exclus du droit de légiférer par la même raison que les hommes occupant des fonctions publiques sont exclus du droit de participer aux fournitures à l'Etat, au département et à la Commune.

La réforme judiciaire pourrait alors ne pas se faire attendre 50 ans et plus comme le craint avec raison M. Harduin.

PH. BALDENSPERGER.

FIN.

Mirecourt, Imprimerie et Lithographie CHASSEL.

www.ingramcontent.com/pod-product-compliance
Ingram Content Group UK Ltd.
Pitfield, Milton Keynes, MK11 3LW, UK
UKHW032005260826
14628UKWH00005B/2287